以心觀心

默照禪要領

吉伯・古帝亞茲 Gilbert Gutierrez——著
吳俊宏——譯

謝詞

頂禮本師釋迦牟尼佛、諸大弟子、歷代祖師。頂禮聖嚴法師，並以此弘揚禪法因緣，禮敬師父的教導。

感謝現任方丈果暉法師以及法鼓山僧團諸位法師，為了住持佛法，梵膏繼晷。最後，要感謝所有協助將開示譯成中文的居士，以及所有參與此次禪七的專職、義工與禪眾。

願將本書一切功德，迴向所有讀者，祈願諸位在佛道上持續精進，明心見性。

阿彌陀佛。

代序

阿彌陀佛。

多年前，聖嚴師父遠赴美國，向美國人以及其他西方人士介紹禪修；如今，我將禪法帶回臺灣，旅程終於圓滿。之所以回到臺灣，是為了證明師父以善巧方便在西方弘傳佛法，成果豐碩。我從美國來臺灣帶領禪七，滿心期盼能將具足正見的佛法，以及正確的禪修方法帶給大眾。

師父印可我為法子時，提到了三項要件：

一、須持戒精嚴。

二、須發菩提心。

三、對於正見，須明確具備真實而適切的了解。

儘管弟子具備這些條件，終究而言，仍須在師徒之間以心相傳。因此，法子有責任突破語言文字的限制，指導下一代禪門行者修行。這該怎麼做？除了要有極大的耐心之外，也要了解是哪些因緣障礙了行者本具的智慧，無法了知此心即是佛心。如果單憑文字本身便能傳遞這「隱而不顯」的真實，那麼，只消讀讀文字，行者便能有所契入。只可惜，修行必須至誠懇切，才能契入那不可思議的真理。我們發大願誓成佛道，若不修大道，則無法悟道。然而，道在何處？

道，不是一條清楚標明的線，近在眼前，供我們依循。道，甚至不在五戒、六波羅蜜、八正道中，也不在三十七道品裡。既然如此，為何還要依循這些指引修行呢？修行，是為了發明本心，契入實相。光是閱讀這些觀念上的指引，絕對無法了解心。下筆此刻，我很明白語言文字的限制。

唐朝的夾山禪師參禮船子和尚。船子和尚問：「垂絲千尺，意在深潭。離鉤三寸，速道！速道！」精通義理的夾山正要開口，卻被船子和尚一篙打落水裡。這豈不是最好的說明？

常有人尊稱我為老師，不過，請別這麼稱呼我。誰都看得出來，我其實沒有什麼可以教人。曾有一位禪師也如此回答，小沙彌聽了，滿臉疑惑，搔搔頭，又問：「師父，如果您真的沒有什麼可以教我，那我為什麼還要跟著您修行呢？」

禪師低頭，微笑對小沙彌說：「你之所以要跟著我修行，就是為了要弄明白，我根本沒有什麼可以教你的。」

師師相傳皆如是，祖祖皆以此正見呈佛法予人。

心不在內，亦不在外。

心非真，亦非假。

心不二，亦不可思議。此不二，理解不到，須親自體證。

一切生滅，僅是心的造作。凡所有相，皆由心造。一切幻想，亦不離心。務必認真參究。

或許可以再用這個例子來說明。唐朝雲巖禪師圓寂前，弟子洞山禪師問：「和尚百年後，忽有人問還邈得師真否，如何秖對？」洞山所問的是，老師您最重要的教法是什麼。

雲巖面露微笑，盯著洞山雙眼，目不轉睛，眨也不眨，許久後，才說：「只這是。」「只這是」體現了禪宗以心傳心、不落言詮的宗風——當下即是。佛就在當下。「只這是」直指清淨無礙的覺性，即此無盡光明、甚深智慧，便是阿耨多羅三藐三菩提。依此甚深智慧，生起清淨無染、無有分別的慈悲心。

還是不懂？唉呀，真希望我能摘下月亮送給你！

師父無限慈悲，助我移除眼翳，得見明月，於是，我回到臺灣，報以皎潔月光。重見光明的盲者，對於細心呵護照顧他的人，永懷無盡感恩。

多年來，我說法不輟，每每隨順眼前聽法大眾因緣，應機而說。說法前，往往需要準備數小時，法才能自然流露，善巧接人，並以所說法平等供養新參與老參。

幾年前，曾有人批評我的教法「太過深奧」，當時我相信有其必要，因此並未從善如流。我深信，具足正見的佛法不該有所保留，若有所保留，只會助長行者懈怠的習氣。後來，我在《文殊師利所說不思議佛境界經》中，找到了依據。經中，佛陀與文殊師利菩薩開演甚深法義，不久，一旁的須菩提問文殊師利菩薩：「大士說法，甚深難解，對初心行者，是否該多所護念？」對此，文殊師利是這麼回答的：「須菩提，如果有人生病，求醫診治，醫生是該給他甘甜美味的點心，還是能夠治病的苦口良藥？」須菩提答：「若想痊癒，當然該給他苦口良藥。」因此，說法時，我總是當頭棒喝：世界如幻。「你」也不存在。

《金剛經》說，這個世界是心在做夢，經文最後的偈子是這麼說的：

一切有為法，如夢幻泡影，如露亦如電，應作如是觀。

參！

禪七期間，許多禪眾第一次接觸到「觀」。觀，不是思考，而是用心本具的覺性直接照了。向內觀心，似乎違背直覺，但只要多加練習，便能將心的注意力導向心，以心觀心。生生滅滅的現象不再真實，彷彿只是沾附在心鏡上的塵埃，不僅如此，虛幻的自我也猶如心鏡上映現的幻影。如幻的自我，純屬想像，無法穿透心的妙智。一旦能看穿純屬想像的虛幻自我，心便能安定，本具自性即能發揮功用，無有阻礙。當下我們用的這個心，與佛心無二無別。你無法認識心，心卻認識你！

那麼，如何才能將殊勝的佛法帶給行者？

我相信，必須應機施教，回應需求，禪眾才能有受用。此外，小參也是提供禪眾指引很好的管道。指導小參的老師必須嫻熟種種方便善巧，循循善誘，也得利用自身經驗，了解禪眾所需要的是說明指導、勸勉鼓勵，或只是慈悲包容。禪眾程度各有不同，必須透過小參才能引導所有人在相同的道上精進。

禪七頭幾天，禪眾相當困惑：「早上開示、下午開示，晚上還要開示，吉伯怎麼這麼多話？」許多禪眾並不習慣這種互動，深受干擾。後來，大眾從開示中慢慢發現自己的錯誤，進而調整原本的觀點和修行。解七時，大家都對自己的進境感到欣慰。順便告訴各位，師父早年在美國主七時，從早開示到晚，有時甚至連用齋也不例外，不讓我們有絲毫機會懈怠。

開示甚深法義時，我會穿插一些幽默的趣事，藉此凸顯重點。幽默可以讓禪七感覺比較輕鬆，師父也是如此帶領禪修的。師父是我遇過最最幽默的人，我明明是去打七，有時卻會笑到肚子疼。在錄製的影片中，師父著重呈現禪法精髓，完全沒有展露幽默的一面，甚是可惜。修行如彈琴，笑，讓琴弦不那麼緊繃；另一方面，用功也得夠緊才能得力。修行貴在持之以恆。修行最後一個要件是放鬆身心，事實上，這是修行的第一要件，也是正確禪修的基礎。解七前，禪眾都有了相當正面的體驗，在具足正見的佛法熏習下，已能夠以正確的方式禪修。我非常期待能再次回到臺灣，繼續鍛鍊行者。

試問，如何是師父東來意？或者，如何是吉伯西來意？有僧問臨濟：「如何是祖師西來意？」師曰：「若有意，自救不了。」

參！

阿彌陀佛。

編案：作者於二〇一九年十二月七日至十四日，來臺灣法鼓山帶領默照禪七，本書為該次禪期所做開示。

目錄

第四篇 **發願精進**

第一篇

默照心鏡

正見安心

今天是禪七的第一天晚上，有些人可能很興奮，甚至有點擔心、焦慮，不太確定自己的腿能不能捱過這些天。心裡沒有這個念頭的人，肯定沒有打過禪七。但是不用擔心，我們不會用腿功來替你打分數。

臨濟禪師是我最欣賞的禪師之一，我想要以臨濟禪師針對禪修的開示，為這次禪七揭開序幕。根據《鎮州臨濟慧照禪師語錄》（簡稱《臨濟語錄》）所載：「今時學佛法者，且要求真正見解。若得真正見解，生死不染，去住自由，不要求殊勝，殊勝自至。」他是這樣說的：「學習佛法的人，應該要從正確的了解來學，這就是所謂的正見。」

許多佛教經論都提到正見的重要性，聖嚴師父認可法子的條件之一，也要求對所謂的「正見」具備真正的了解。

心不向外求

何謂「正見」呢？正見就是心運作的方式。那麼，「心」又是什麼？這兩個問題非常重要。修行不僅僅是要變成一個更好的人而已。我們必須要了解，周遭的世界其實是一場夢，在這個世界裡，沒有任何東西是恆常不變的。

《臨濟語錄》說：「爾欲得識祖佛麼？秖爾面前聽法底是。學人信不及，便向外馳求，設求得者，皆是文字勝相，終不得他活祖意。」

臨濟禪師問大眾說：「你們想認識諸佛和祖師大德嗎？」他的意思是，假如我有神奇的力量，能把諸佛祖師們都帶到各位面前的話，你們一定很有興趣想認識他們吧？

臨濟禪師接著說：「現在坐在我面前，聽我說話的人就是了。諸佛、祖師和你們是完全相同的。是因為學法的人對於自己沒有足夠的信心，才會到處向外去找答案，就算最終得到了些什麼，也不過是些語言文字，或是一些看起來漂亮的假相而已。他們永遠沒有辦法體解祖師們活活潑潑的心。」

臨濟禪師說這些話時的態度非常嚴肅，他可是用盡了一切方法，只為讓他的弟子了解這一點。他於《臨濟語錄》提出警告：「莫錯！諸禪德，此時不遇，萬劫千生輪回三界，徇好境掇去，驢牛肚裡生。」他強調著說：「諸位禪德，千萬別弄錯了，如果這一世沒有辦法明瞭什麼是心的話，在接下來的千劫中，都會一直不斷輪迴。你會被看起來很誘人的因緣給吸引走，從而轉世在驢子或牛的肚子裡！」

這真是可怕啊！身為人，我們有很多機會修行，更不用說現在就在禪堂裡，有更多機會好好修。請務必把握機會，不要浪費一分一秒。

鍊心不是鍊識

禪修一開始，就應該很清楚地認識到，我們是在練習參究「心」，而不是參究「意識」。

有一句話非常重要，或許你也記得：「聖者轉識成智（心），愚夫轉智（心）成識。」

我們是在「鍊心」，不是在「鍊識」，意識是不斷變化的，心卻是無為的。一切的一切都呈現在心之中，如果沒有心的話，沒有任何一物能夠呈現。因此，我們必須去參心究竟是什麼，默照就是一個很好的方法。

我們都知道禪是超越語言文字的，在閻羅王面前，這些語言文字是完全幫不了你的。

然而，如果真的能夠好好精進用功，那麼生死不會是一個問題，你會發現，生死就是一場夢而已。一切都是在心中生起，如《心經》所說：「無苦、集、滅、道。」為什麼呢？因為一切唯心所現。

「我於十二年中求一個業性，如芥子許不可得。」在臨濟禪師這篇警眾的語錄中，雖然提醒大眾不要因為懈怠而投身驢腹或牛腹中，但是他也同樣說了：「過去十二年來，我花費了很多的心力來找尋所謂的業，卻找不到如芥子一般大小的業。」

一切唯心所現

為什麼呢？因為一切唯心所現。

假設眼前有一些泡泡，戳破之後，我們會說有什麼東西消失了嗎？假設我們正在做夢，而且在夢裡覺得很苦，一旦醒來，會繼續受苦嗎？這個夢，其實是我們心裡變現創造出來的。

永嘉玄覺大師的《證道歌》，開頭是這麼說的：

君不見，絕學無為閒道人，

這裡的「道」有兩重涵義，第一重是所謂的「修行」；第二重就是指「心」。聖嚴師父的〈末後偈〉說「無事忙中老」，不管什麼時候，我們其實都應該這樣，雖然忙，可是又沒有真的在做什麼。

我現在還是一位職業律師，有人好奇問我：「時間這麼有限，你怎麼有辦法去那麼多地方？而且你還要學習、還要照顧家庭，你是怎麼辦到的？」我說：「我也不知道！忙著忙著，也好像沒做什麼一樣。」

不除妄想不求真。

不需要用蠻力來降伏心。禪七期間，有時候我們感到非常非常地挫敗，不斷要求自己：「不要再想了，不要再動任何念頭了。」過一陣子你可能會想：「很好！我已經十五分鐘沒有起任何一個念頭了。」欸，等等！這不就是一個念頭嗎？

不需要把這些念頭從心裡排除掉，只需要清楚覺照這些念頭就可以了。這裡所謂的覺照，指的是用心去了解、去看清楚，心是怎麼運作的。接下來這一句非常有趣！

無明實性即佛性，

你可能會很錯愕，永嘉大師到底在說什麼？佛性怎麼可能是無明呢？完全沒道理啊！

其實，對於所謂的「閒道人」，這是非常美妙的，清清楚楚展現出心運作的方式。在巴利文就是 paṭiccasamuppāda，中文就是緣起，因緣是永不滅失的，所以說因果不爽。

為什麼說「無明實性即佛性」？因為一切都是在心中生起，不可能在其他的地方生起，所以才會說緣起。如果你坐在蒲團上，腦袋一直想：「我不該想、我不該想，我真的不該再想那些不好的念頭了……。」

問題是，「我不該再想那些不好的念頭了」，其中的「我」，也是無明，根本沒有所謂的「我」，聖嚴師父〈末後偈〉也說「本來沒有我」，所以當我們用意識去這麼想的時候，可就要笨了。臨濟禪師為什麼會說他連一個芥子大小的業都沒有呢？那是因為根本就沒有我。

我現在所說明的，其實就是如何修行默照的方法。如果各位不具備正見的話，光是坐在蒲團上用功，對於修行是沒有幫助的，只會把屁股坐扁而已。

幻化空身即法身，

如來藏系經典中的《寶性論》，有一個很有趣的觀念：諸佛利用眾生的煩惱來修行。各位都具足佛性，所以，修行時看到這些煩惱生起，無需執取，只需要去看見那些煩惱都是虛妄的、虛幻的。

所以「幻化空身即法身」這句話非常好，因為各位都已經具備法身了。此外，好好地參一下這句話：「諸佛利用眾生的煩惱來修行。」別急著說：「我知道、我知道……。」

以前我父親要跟我說什麼的時候，我的直接反應總是說：「我知道、我知道！」父親很有智慧，每當我說「我知道、我知道」的時候，他的第一個反應都是：「其實你只是不斷重複這句話而已，你什麼都不知道。」

然後，他接著會這麼對他自己說：「我什麼都不知道，我一無所知。」當時對我來說，我父親說的這句話再愚蠢不過了。

經過多年之後，我很佩服父親，原來他學到了那麼多。而我也學到了！

法身覺了無一物，本源自性天真佛。

有趣的是，有些古德在提到心的時候，不說「心」，而是說「如來」，梵語是 Tathāgata。Tathāgata 指的是「如」。嚴格來說，它不能算是心的定義，因為心不是一個所謂什麼樣的東西。

五陰浮雲空去來，三毒水泡虛出沒。

永嘉大師所提到的五陰（五蘊），就是色、受、想、行、識，如浮雲一樣，來來去去都是空的；三毒則如水上泡沫一樣，生起、消失，也都是空的。體驗到實相的時候，沒有人、也沒有所謂的法，這裡的「法」是指現象。

永嘉大師在這裡鼓勵各位直接來參究心，如果你參究的對象是「自我」，那基本上是有問題的。我之後會繼續介紹永嘉大師的這首〈證道歌〉，在此只是想讓各位在一開始能夠大概體會一下什麼是禪，以及禪與默照的關聯。

心鏡，往內觀心

雖然，一般都說默照是無法之法，但實際上還是有方法——去參究心。

有一位鍊金術士，可以把任何的金屬都變成金子。有一天，一個小男孩出現在他家門口，鍊金術士納悶地對小男孩說：「你身上沒有任何金屬的東西，可以讓我變成金子啊！」小男孩說：「其實我不是要您替我把物品變成金子，我希望知道您是怎麼辦到的！」

因此，重點是你們要知道怎麼做，這樣對你們也好。臨濟禪師在《臨濟語錄》也說：「約山僧見處，與釋迦不別。」在我看來，眼前各位沒有任何一位辦不到。「如今學者不得，病在甚處？病在不自信處。爾若自信不及，即便忙忙地徇一切境轉，被他萬境回換，不得自由。爾若能歇得念念馳求心，便與祖佛不別。」唯一的問題在於，對於自己真實的本性，你們的信心不夠，但其實每一位都辦得到。希望你們這次禪期都可以做到。因為現在最可貴，現在比其他所有時刻都來得珍貴！

每一位都可以做到，只要別坐著坐著就睡著了，也不要有所揀擇，或是坐著坐著，就在心裡看起電影來了。聖嚴師父在帶禪七時，甚至會走到禪眾面前，盯著他看，看著看著就跟他說：「你不只是在看一部電影，你是在看兩部！」精進用功是自己的事，我不能幫你們用功，你們必須靠自己修行。

練習的是心，不是意識

我曾經跟一位氣功大師學氣功，當他問道：「你們當中誰想要實修？誰想要了解理論？」每個人都說：「我想要練習！」「我想要修行！」那位氣功大師看著我，問：「吉伯，那你想要做什麼呢？」我回答：「如果我連自己練什麼都不知道，那練來做什麼用呢？」

因此，理論是非常重要的。在蒲團上，一定要知道自己在做什麼，必須要知道從哪裡開始修行。我們是在練自己的意識還是心？我也可以跟各位說：「好，現在大家就開始打坐。」然後開始練習默照，但實際上你們練習的卻是你們的「意識」，這樣子一點幫助都沒有。

如果了解理論的話，就有機會更加深入。各位知不知道「往內觀心」是什麼意思？意思是，用心去觀方法，方法是投射在心上面的。

假設橢圓形是心，中間代表我們用的「方法」（編案：眼睛代表心能觀的功能）。（圖一）

用心向內觀方法，這點很重要，因為我們不是用意識去觀方法。意識出現的地方是在方法附近。（圖二）

這很有趣，因為我們是用心往心裡看，看見方法。我們看著看著，最後就會變成這樣（圖三），實際上就是心在看著心，我把這叫作「心的三明治」，有心，還有夾在中間的餡料（編案：指方法）。

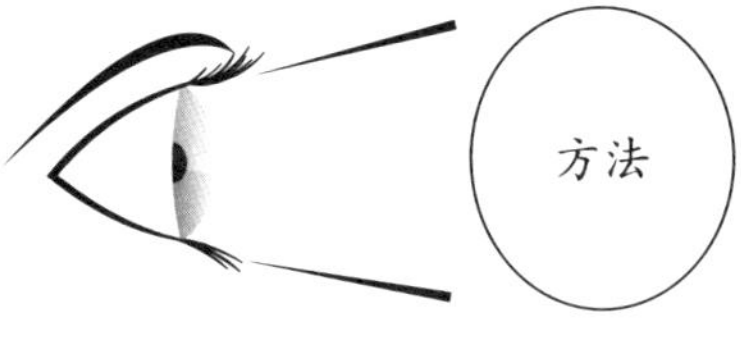

圖一

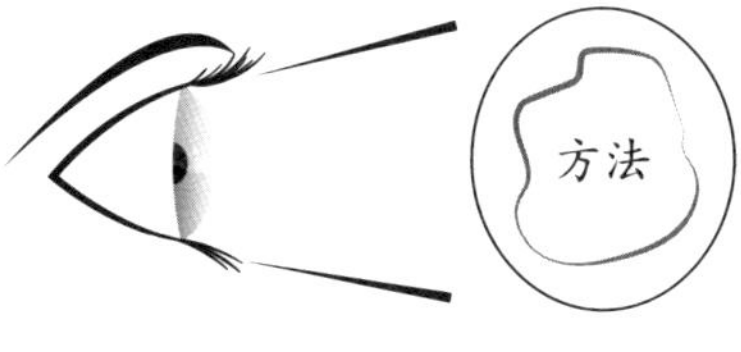

圖二

當我們用默照這個方法時，會有一個很有趣的現象，也就是上面這個三明治中間是沒有夾餡料的。（圖四）

我們就只是單純地用心向內去觀心，「我」的概念出現在裡面。（圖五）

用心向內去看心時，自我會逐漸消融。自我會消融在心當中，最後只剩下心。

環顧禪堂，周遭的一切都投影在心上，古德稱這樣的情況為「心鏡」。

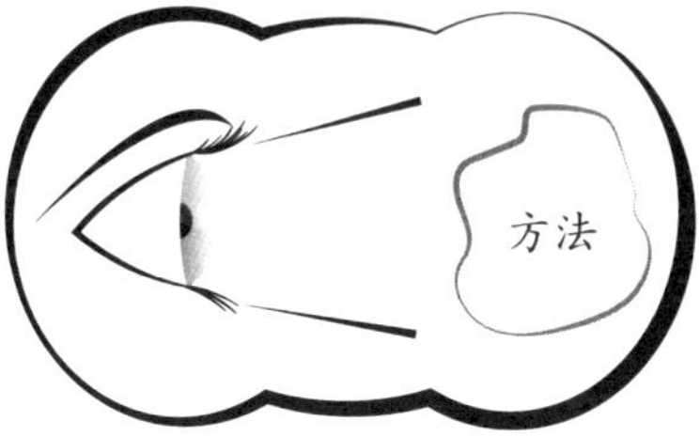

圖三

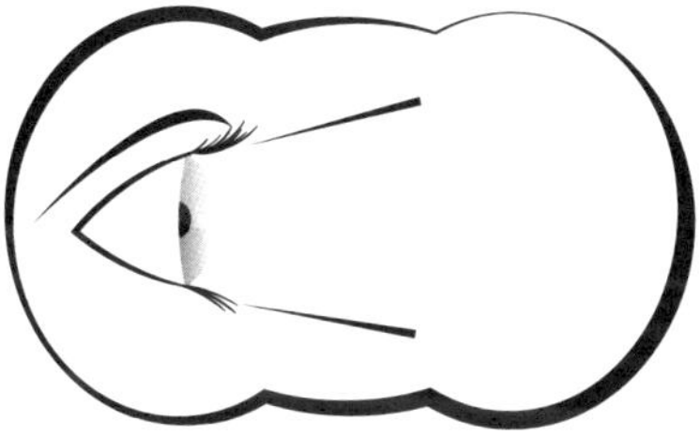
圖四

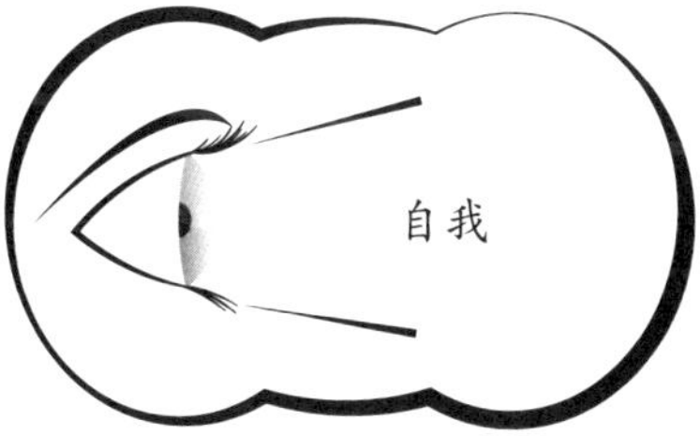

圖五

「心鏡」是指不論我們在哪裡、看到什麼，都非常清楚。譬如你們現在看到的我在哪裡？你或許會說：「我是在我的頭腦裡看見你的。」如果真是這樣子的話，你的頭腦一定會因為裝了我這個人而爆裂開來。其實這都只是心而已。

向內用心觀心

因此，練習默照時，練習的重點就只是向內去觀心。有些人在使用默照時，實際上的狀況是，一坐下來腦海裡就開始播放 Netflix（編案：網飛，起源於美國，在多國提供網路隨選串流影片的 OTT 服務公司）。Netflix 有那麼多節目，你們想看什麼呢？驚悚片？還是劇情片？愛情故事？

你們想看什麼就可以看到什麼，完全不受任何限制。這種情況並不是用心觀心，而是你讓自我浮現，隨它去看電視，那就是你們正在做的，讓意識作祟。（圖六）

默照可以分成兩部分。第一個部分，是讓心安定下來，不要一直製造出許許多多的念頭；第二個部分，則是要覺照心。如果以止觀來說，第一部分是「止」，第二部分就是「觀」。

並不需要用蠻力來降伏心，或把種種念頭推到心外，這樣只會帶來更多念頭而已。

比方說，現在心裡出現一輛紅色的汽車。你說：「哦，在經銷商那邊看到的那輛車，真的好漂亮，我好想要喔！」覺察到這個念頭之後，心立刻明白，「當然會起這個念頭，因為才剛看到那輛車。」這就是所謂的緣起，因果不爽。你現在需要做的，就是清楚察覺這個念頭生起，心往內觀，就可以了。（圖七）

用心去明照那些投射在心上的東西時，被投射出來的東西，就會漸漸消失。（圖八）

覺知意識時，覺知到的是意識的全體。

如果只注意那輛車，它肯定會再出現。你看著它，心

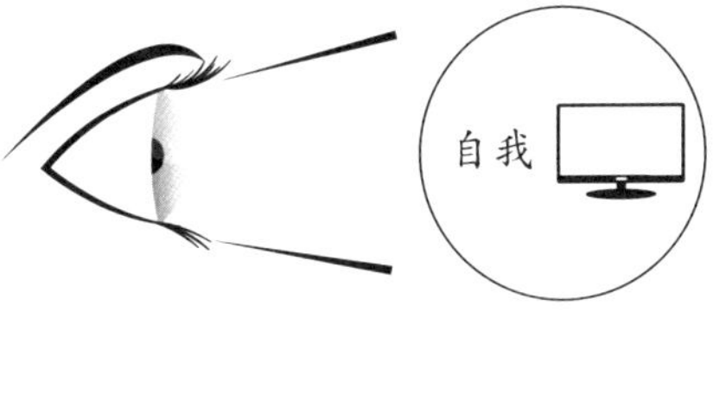

圖六

想：「不知道我到底能不能買得起？就算買不起也沒關係，我還是要買。」這樣一來，這輛車在你的心裡就會愈來愈大，愈來愈大……。慢慢地，這輛車就會大到變成你心裡唯一能夠看見的東西了。

因果不爽。因為你一直把對象放進心裡，一次又一次，就會變成這個樣子。如果心清楚覺知到這個念頭浮現了，而且知道之所以浮現，是因為習氣造成的，這個念頭就會慢慢消失、淡去。有關車子的念頭，就會被其他在心裡生起的念頭取代。

不論你放的是什麼，心的運作，就只是很自然地映現出這些你放進心裡的念頭。如果是一些最近才發生的事，或是比較強烈的情緒，比方說：你買了紅色的車，買了之後沒多久就撞爛了；又或者是某些不斷重複的事，例如工作，或者睡在旁邊整晚打呼的那個人。這樣的念頭更有可能出現在心裡。

這些念頭之所以不斷出現，都是因為你自己把它們放進心裡。關鍵在於：我們其實是具備覺性的。任何念頭在心中生起，心都能夠覺知，這就是心的覺照。在這個心之外，沒有其他的心了，這就是你所擁有的一切。

有念頭生起時，心自然而然能覺察，不需要特地去注意才能發現。比方說剛才那輛紅色汽車，它出現在下方的位置（圖九），心會覺知到它，它的強度也會慢慢自動減弱（圖十）。

心如果能夠覺知到心中生起的念頭，但不受牽引、不被帶走的話，就是所謂「捨」的狀態。不論生起的是什麼，其實並沒有哪個念頭特別重要。

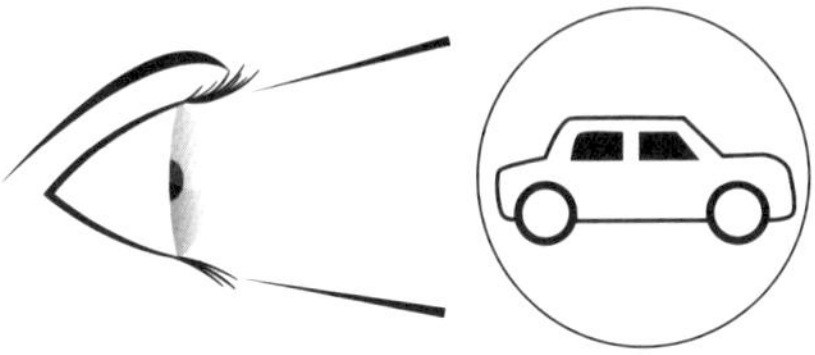
圖七

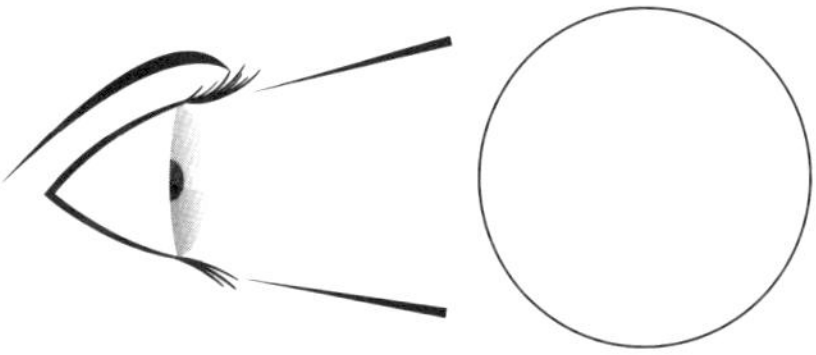
圖八

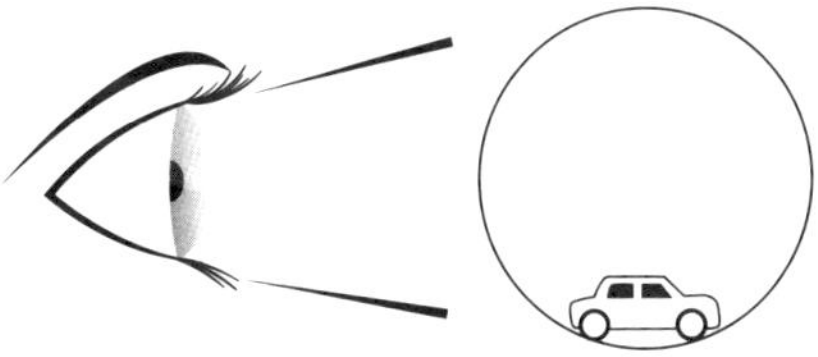
圖九

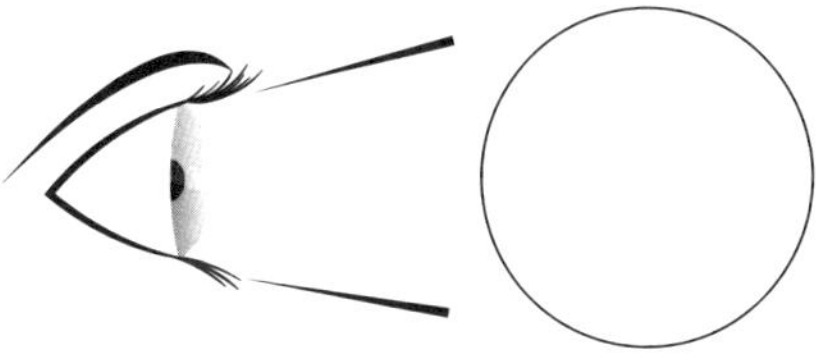
圖十

一切都是心

心中生起的念頭，又有什麼重要性呢？它所代表的其實就是心。一切唯心所現，即便心受到了一些阻礙，那些阻礙也還是心。我們在做什麼呢？我們在做的就是往內去觀心，看看心中自然生起些什麼。

覺照中，一切都在生生滅滅。任何時刻，一旦「住」或是「執著」於任何一個生起的現象上，那個被你「執著」或是「住」的現象，就會占據你心中最主要的位置。如此一來，除了那個現象之外，其他所有的一切都看不到。

也因為如此，我們才會有「我在思考」這種虛妄的感覺，又或者覺得「我在打坐」。不是這樣的，不是「你」在打坐，只是心在休息罷了。

如果「我」出現，「我」是出現在意識裡，它不是心。它出現在心中，但是它永遠不會是心。禪宗常說一個觀念：「心認得你，但是你不認得心。」

這裡的這個「我」，是不可能了解心的。這個「我」是從色、受、想、行、識五蘊而來。我們對五蘊的了解是什麼呢？五蘊皆空，色、受、想、行、識皆空。不可能有任何東西在其中，因為不論是五蘊當中的哪一個，根本上就是空的。

就像《心經》所說：「觀自在菩薩，行深般若波羅蜜多時，照見五蘊皆空。」在各位面前的我，既不是觀世音菩薩，也並未行「深」般若波羅蜜多，我只是行「淺」般若波羅蜜多。但是當我看著各位的時候，你們覺得我看到了什麼呢？我看到的是一尊一尊的佛，到處都是佛，真是太美妙了！每一位都是佛，就算你現在呼呼大睡，仍舊是佛。我在這裡的功用，就是要把各位給叫醒。

「舍利子，是諸法空相。」上座部的某些派別，認為一切實有，但在《心經》中，卻說一切都是空的。

我們上坐之後，把心安定下來，專注在方法上，真正地去觀。這裡所說的「觀」，不是要你去思惟，或是用腦筋想，這邊所說的「觀」，實際上是心的功用，也就是「心在觀心」。

即便在心裡生起的是煩惱，佛還是用這生起的煩惱來修行，就像在說：「我看見你（自我）囉！」只要一看到，它就會自己慢慢地消失。之所以會消失，是因為你沒有用心再去為它增添任何的力量或關注，它自然而然就會離開、消失。

不要掉入黑山鬼窟

以上就是如何烤「默照蛋糕」的食譜。你所要做的，並不是將腦袋裡的那些念頭趕跑，而是清清楚楚覺照那些生起的念頭。但是也不要掉進黑山鬼窟裡，實際上，墮入黑山鬼窟的機率，遠大於能清清楚楚覺照心的機率。

如果想要知道黑山鬼窟是什麼樣的情況，很簡單，只要爬進冰箱把門關起來，你就知道是怎麼一回事了。躲在冰箱裡，就像躲在黑山鬼窟一樣，什麼都沒有。在默照當中，心卻是非常活潑的，可以覺照環境當中所有一切，所覺照到的一切，彼此平等，沒有什麼是特別凸顯的。

在默照中，火災警報器響起來時，心不但能夠覺知到，而且還能參究它。但假如是在黑山鬼窟的狀態中，即便警報器震天價響，你也不會聽見。

因此，在用默照這個方法之前，必須要知道怎麼用，也需要知道如何去觀，如果不了解如何觀的話，哪怕坐上二十劫，到頭來還是一場空。

如果你有一顆至誠懇切的心，並以正確的方式修行，一彈指間就能夠契入。同樣地，如果你起心動念的話，就又失去覺照了。不過，在那當下，覺照其實一直都在。因此，你所該做的，是持續覺照。

觀照了知心

我先給各位提示一些打坐的要點，讓大家先有些概念。

首先要能夠放鬆身心，安住在當下。再來，要具備覺知，如下表〈運用默照方法的七個元素〉的方法。我們用的方法就只是往內去觀心。

如果把兩面鏡子面對面放在一起，你會看到什麼？無窮無盡的延伸。這就是我們的方法，藉由觀，望向無盡。如此一來，我們就能夠「照」見心。

在統一心的狀況下，會出現類似「照」的情況，但它不是真正的明照，所以必須突破看似明照的狀況。不要用頭腦去想、不要去思考。如何不用頭腦去想？很簡單，就是不要想！就這麼簡單。

現在的你應該知道自己是不是在思考，如果你在動念頭、在想的話，那就不是在觀了。如果是動念頭去想的話，會製造出一種假開悟的感覺。如果能夠真正用上「觀」，就能「照」見心，你將能夠了知心。

如果能夠了知心，哪怕只是電光火石的一瞬間，你也永遠不會忘記。這種修行方式，能夠為你帶來圓滿。一如佛像是圓滿的，什麼也不多，什麼也不少，也沒有想要什麼，什麼都很完美，這個就是清淨的心。

同時，這也是念佛的最高境界，念佛這個方法，最高的境界就是清淨心。在這樣的清淨心之中，將能證得阿耨多羅三藐三菩提，以及慈悲。

希望諸位好好地觀。

運用默照方法的七個元素

Relax body／mind　放鬆身心

Present moment　當下

Awareness　覺知

Method　方法 ┐

Contemplation　觀 ├ Illumination　照

No thinking　不要思考 ┘

Sublime　圓滿

至誠懇切的心

對修行人來說，至誠懇切的心非常重要。但是，要怎麼以懇切心來修行，並非透過教學就能傳授給各位。

用至誠懇切的心來修行

我們不想浪費自己的時間，也不想浪費其他人的時間。有時候，主七的老師會遇到一些想談論佛法的知識分子。遇到這種情況，通常我的回覆很簡短。我對於知性的討論，並沒有興趣。

但是，如果有人向我請教「法」的話，即便是一個最簡單的問題，我也會盡一切所能，竭盡全力來回答。其中的差別在於，是不是有一份至誠懇切的心。一種人是想要展現他在佛教方面的知識，另外一種人則是真的希望在修行上用功。

今天各位既然已經來到了禪堂，我理所當然認為各位想要在修行上精進不懈。有些人不遠千里而來，有些人甚至為了修行而放棄俗家人的身分。也因此，我不得不認定你們每一位都是相當懇切的。

我一定會盡其所能，把我對於法的了解提供給各位。但是，我也希望你們每一位都能承諾：「我一定盡一切努力，精進用功。」如果你願意盡你所能地用功，我可以保證，你一定會有很大的受用。

負起修行的責任

你們當中有些人，已經來禪堂打七非常多次了，也向很多的法師和老師學習過。之所以一直沒有進步，其實是他們的錯！我們雙方在「修行」這件事上，要負起各自的責任。

我必須不斷地提醒、勸勉各位，務必拿出所有的努力來用功、精進。同時，你們也必須將這樣的修行，融入生命當中。一旦上了蒲團，就不要有絲毫保留，一定要拿出全力精進用功。

能進禪堂修行，是非常難得的。有些人曾經追隨過許多大師，就像是享用豐盛的中國菜，卻把很多菜留在桌上沒有吃完。我記得第一次跟聖嚴師父打七，禪七結束前，輪到我分享心得時，我是這麼對師父說的：「您說的話，我都聽進去了，我的桌上沒有留下一丁點的麵包屑，一點都沒有！」

我現在為什麼會教導禪修，這一點也體現出我當時發的願有多懇切。現在輪到我來勸勉各位，投入所有的心力來精進用功。

上坐時，各位不要眼睛一閉就看起電影來，必須一次又一次、一次又一次地把自己拉回方法上，唯有這樣，修行才會奏效，才能受用。我們必須在修行的當下，毫無保留地將自己燃燒殆盡，要如此投入才行。

清清楚楚地覺知

與宏智正覺禪師同時期的大慧宗杲禪師，提倡的修行方法是公案與話頭。大慧宗杲禪師對於默照法門有相當多批評。實際上，他所批評的並不是默照這個法門本身，而是修行默照的心態。他指出，修行人在練習默照禪時，容易陷入一種闃暗的狀態，可以說這是一種昏昏沉沉，或者是懶散的禪。但是大慧宗杲禪師從來沒有說，默照禪這個方法本身是不對的。

修行無法之法，就像是在高空走繩索的人，沒有任何東西可以依靠，下面也沒有安全網。

最關鍵的部分，也正是我無法替各位做到的，就是完完全全、清清楚楚地覺知，清清楚楚地活在每一個當下。我們必須能夠純熟地掌握怎麼樣去觀，觀並不是動腦筋去想、去思考，觀就是心真正的本性。

每一次各位在練習默照禪法時，就好像在賭博。上坐的第一刻，你手上擁有心所有的財富，但你也可能把這些財富輸光。前五分鐘，你愈贏愈多，之後你覺得累了，就讓各式各樣的念頭，悄悄地溜進心裡，手上的財富就在這時候一點一滴流失了。你把心寶貴的財富拿來跟那些虛妄的念頭交換，而且還滿心歡喜。

諸位可都是佛啊，你們到底是在做什麼呢？這就像把心的寶貴財富，拿去交換那些在鬼月燒給死人的紙錢一樣。你該好好珍惜你的財富，不要浪費，你該要清清楚楚。趕快醒過來！我希望諸位能夠懇切地聽開示，在蒲團上老實練習所學，這一點很重要，這可攸關生死大事。

我們不知道自己何時會死。聖嚴師父曾經提醒，每一個人能夠呼吸的次數都是有限的，我們必須留心這一點。我們應該像身處火宅中那般精進用功，要盡可能從修行中有所受用，才能夠幫助其他人。

上了賊船就當個賊

我們不是為了自己修行，我也不只是教導在座的諸位，諸位未來會接引其他人來學法，我是為了那些人在教導諸位的，這就是菩提心。以正確的方式修行時，我們是充滿著菩提心的。心不再為自身的問題擔憂，關注的是更重大的事——救度一切有情眾生。

有一次，有位學生寫了一封電子郵件給我，說他在工作上面遇到了一些麻煩。

他說周圍的同事，一天到晚東家長、西家短，閒聊一些完全不重要的瑣事。所以，他上班時，都會戴起耳機聽師父開示。你們覺得這是個好方法嗎？

我回信告訴他：「你說想好好修行，救度所有眾生，卻連辦公室裡周圍的眾生都度不了，你的心跑到哪裡去了？」

聖嚴師父曾經說過一句很有趣的話，不過，你必須深入參究，才能夠真正體會當中的深意。他說：「如果上了賊船，那就當個賊吧！」

當時，大家聽了一片愕然。賊可是會到處奸淫擄掠的，真要這樣子嗎？我還記得，他在禪七中說過另外一個故事，他說：「假如今天有一個人想來參加我們的禪七，可是他的職業是屠夫，我們該讓他來參加嗎？」

你覺得要讓他成為禪眾的一分子嗎？

當時有些禪眾說：「不行！不行！他可是個屠夫耶，身上的殺業那麼重，怎麼可以讓這種人進來呢？」師父聽了之後就問：「吉伯，你覺得呢？」我對師父說：「我在想，世界上還有誰比他這樣的人更需要佛法呢？如果他來參加禪七的話，說不定有機會改變他的行為。」

對我來講，不論是僧是俗，是屠夫還是政客，都沒有差別。誰願意聽，我就樂意把佛法帶給誰，這就是我們要做的。

我希望各位一定要拿出所有的心力來用功。唯有精進修行，正法才能久住。我之所以會教導禪修，是因為打從心底至誠懇切地相信佛法，我對於佛、法、僧三寶有無比的信心。

有人疑惑，修行時，如何分辨意識和心的本質這兩者之間的差別？

意識是從心裡生起的。意識之所以會生起，是由於因緣，有時候有好的因緣，有時候有壞的因緣。不過，意識是無常變化的，一個人上一秒可能還很開心，下一秒可能就生氣了。如果意識是恆常的，那它永遠都會在那裡。我們觀察到的是意識，上了當，誤以為這個世界是真實的、我是真實的、眾生是真實的。

多生累劫以來，我們似乎已經習慣了，以為出現在心中的意識是真實的我、人、眾生，但其實並非如此。意識只不過是心的一部分而已。

修行是要重新訓練心，不斷放掉意識，用心去看見生起的現象。我們用六根來觀，觀的時候，種種訊息可能會經過意識，要清楚是心在運作，而不是意識。

覺照與專注須平衡

我說過，如果心中出現一輛紅色的車，一直去執著它，它就會被愈放愈大；只要不去執著，它自然就會消失。然而，一位女學員也問到，雖然明白這個道理，但在這部紅色的車消失之前，往往似乎需要攀緣另外一輛更高級、或更醒目的車，這紅色的車才會消失。可是這樣一直攀緣，就會變得永無止境，好似輪迴。是不是能有另外一種方式，不藉由攀另一個緣，就可以讓自己的心定下來？

我要跟各位說，確實是有的，要用心來看。我現在就為大家示範。我用一個圓代表「心」（圖十一），圓的周圍有很多向外的箭頭，表示心是無

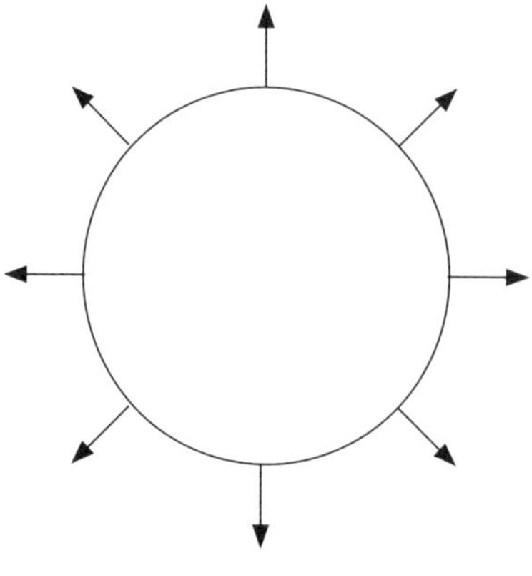

圖十一

限的。

當一輛紅色的車出現在心中時，我們想要回到方法，車卻會不斷浮現。所以，我們可以拿其他東西來取代它，通常會用方法來取代。可以用「念佛是誰」這個話頭取代；也可以用數息法的數字取代；又或者是用念佛來取代。然而，這些方法的本質也是妄想，我們稱之為「以毒攻毒」。

我們知道，這些方法都只是一時的善巧，默照是無法之法。所以，那位學員才會問：「我能用什麼東西來取代？」她的問題，可說是直指這次禪七的核心。

不以妄念取代妄念

實際上，我們要用什麼來取代呢？腦中什麼都沒有，就是用功嗎？就像關掉電視，讓畫面一片空白嗎？這其實是使用默照時，可能會有的危險。

你可能心想：「原來用默照還會有危險啊，我怎麼不知道？」實際上，確實如此。心很容易被意識所欺騙，讓我們誤以為心中什麼都沒有。這可說是虛妄意識的最後絕招，讓你無法更進一步發揮心真正的本性。意識做了什麼呢？它讓心過度專注，「止」得太過，這是一種失衡的狀態。

在這種狀態下，修行者有機會進入定境。但是，這種定境其實是所謂的「黑山鬼窟」。就像看電視看到一半，你忽然關掉電源，心沒察覺，還繼續看著空空如也的螢幕。在這種狀態中，並沒有「照」。等到「黑山鬼窟」的定境結束後，包括那輛紅色的車在內，一切又會重新湧現心頭。

像這樣用方法的人，可逃不過我的眼睛。聽見三聲引磬之後，他們還會一邊伸懶腰，一邊意猶未盡地說：「嗯，剛才睡得真是太好了！」

重要的是，不要拿六根門頭的其他東西來取代。比方說，為了想讓紅色的車消失，就另用一個黑色皮包來取代。修行者所該做的，就只是清楚覺知生起的一切。要往心裡觀，看得清清楚楚，生起的可能是某位熟人、或是你的寵物，又或者是皮包，這一切都出現在心中；心只是觀，沒有執著。

那些浮現心頭的東西，價值都一樣，都是零。如果那輛紅色的車冒了出來，而你卻沒有留意到，它在你心中可能就會愈變愈重要。你不斷為它充氣，讓它脹大，到頭來，除了那輛車之外，其餘的你什麼都看不見，這時你就輸了。

如果你能回到方法，這輛車雖然一再地在心中生起，但它可能會比先前小一些；如果你能繼續在方法上用功，車就會愈變愈小，到最後變得一點都不重要，然後就消失了。

往心裡觀時，可以看見許多因緣俱足而生起的念頭，可能會看見一隻鴨子飛過，也可能同時看見那輛紅色的車蠢蠢欲動，或是一些與金錢有關的念頭，自然浮現心頭。在使用默照這個方法時，我們不用其他念頭取代，也不用話頭取代，就只是清清楚楚看見生起的一切，不必執著。這樣一來，就不需要刻意丟掉念頭，而只是很清楚地知道，前一刻，這些念頭其實並不存在。

清楚看見念頭

古德說：「不怕念起，只怕覺遲。」

熟悉默照這個方法之後，心中不論生起什麼，都會清清楚楚。我們現在坐在禪堂裡，覺知禪堂裡的一切，甚至連吹過的風也不例外。

不過，那輛紅色的車卻不該出現在這裡。它是怎麼跑進禪堂裡來的呢？只要回到覺知上就好了，明白那輛紅色的車只是一個幻相，很單純地安住在覺知之中。如果有關於工作的念頭浮現，就讓它走。你可能會突然想起家來，這樣的念頭也讓它過。

我們就只是在這個眼前當下，維繫住清清楚楚的覺知，很清楚自己身處在什麼地方，沒有一絲困惑。我們既非開著那輛紅色的車，也不在處理工作，就只是安住當下，明照眼前此刻。當然，那些念頭會再出現，因為它們的本性就是如此，我們了解佛性的本質，因此，只要不繼續關注這些念頭，它們自然會消失。此時此刻，心是清清楚楚的。

一切都是心的本性

我們既不壓抑念頭，也不找另一個念頭來取代，只要清楚知道心中生起的是什麼就好。《大乘起信論》說：「不生不滅與生滅和合，非一非異。」告訴我們生滅心即是不生滅心。這個不生滅心，就是無為的心。

禪門課誦中，要發〈四弘誓願〉：「眾生無邊誓願度，煩惱無盡誓願斷，法門無量誓願學，佛道無上誓願成。」〈蒙山施食〉裡，則有另一種版本的誓願：「自性眾生誓願度，自性煩惱誓願斷，自性法門誓願學，自性佛道誓願成。」是否還記得我曾說過「諸佛利用眾生的煩惱來修行」？

用觀來明照心，這時顯現的就是心的本性，稱為心性。不論生起什麼，都來自心性，就連那輛紅色的車也不例外。一切法住法位，有了這樣的正見之後，進一步把它應用在默照上，修行就能夠得力，因為一切的一切唯心所現。

聖嚴師父以前常說：「一切唯心所現，你現在就在心裡游泳。」你看師父游啊游的，一個人笑得樂不可支，其他人看了還會覺得師父很好笑。可是，這個笑話只有師父自己能體會。師父獨自坐在孤峰頂，不為一人說法，相信有一天，你也會懂的。

一切清清楚楚，既不排斥生起的一切，也不會變成黑山鬼窟。要在覺照和專注間達成平衡，需要非常巧妙的工夫。（圖十二）兩者間必須達到完美的平衡。專注過強，會讓心變鈍；覺照過強，則可能激起太多影像。我們須由智慧著手，才能達到兩者間的平衡，這就是正見的智慧，並依此生出更高的智慧。所以，古德才會說：「你必須汲取本具的智慧，來產生智慧。」

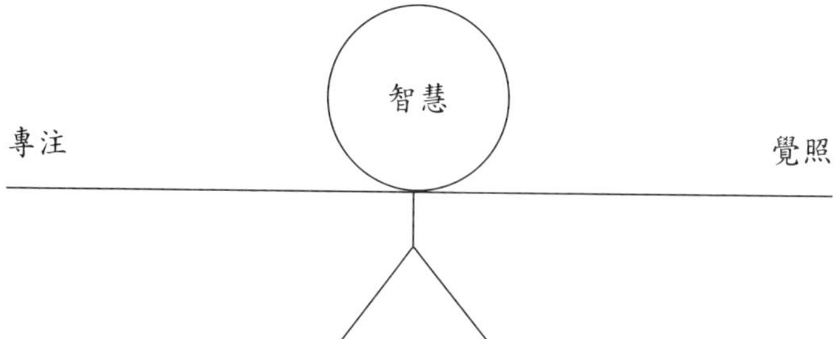

圖十二

習慣用心覺照

各位其實都已具備和佛一樣的智慧，只是沒有發揮而已。如果你以誠摯的心來修行，不但能發揮本具的智慧，還能產生更多更深刻的智慧。智慧，清楚照見妄念出現在心裡的原因，也希望與其他人分享這份由安定心所帶來的平靜，這就是「阿耨多羅三藐三菩提」——無上的智慧，是從修行中開發出來的。這時所用的，就是佛陀的智慧。

修行時，若能達到專注與覺照平等，所用的就是佛心；能維持這種平等，就表示佛心的運作沒有阻礙。一旦失去這種平等，你就又會像前面提到的情況，掉進意識之中，開著紅色的車到處兜風。但你可以提醒自己：「我的腿還盤著，膝蓋上還蓋著毛巾，我是在打坐呀！我要一次又一次地回到方法。」

這種情況就像小孩子玩有趣的電玩。好比有一個大螢幕，要他們一看見東西出現就按按鈕，表示自己看見了。不管冒出來的是什麼，如果心一直被螢幕上陸續浮

現的東西帶走，他們就輸了，無法持續觀照下一個出現的東西，按下按鈕。（圖十三）

時時保持覺知

不論吸引你的是什麼，你都必須保持覺知，因為妄念一定會出現，會從這裡、那裡不斷紛紛冒出來，這裡是工作，那裡是家裡的事，會從四面八方冒出各種妄念。只要你盯著其中一個妄念，忽然間，其他念頭就會跟著冒出來。例如，帳單要怎麼付？一旦讓它有機可趁，妄念就會霸占你的心。這時候，你的方法在哪？方法已經不見了。

我來和各位分享一個祕密，你可以按下「重開機」的按鈕（圖十四），從頭再來。你只要從容地

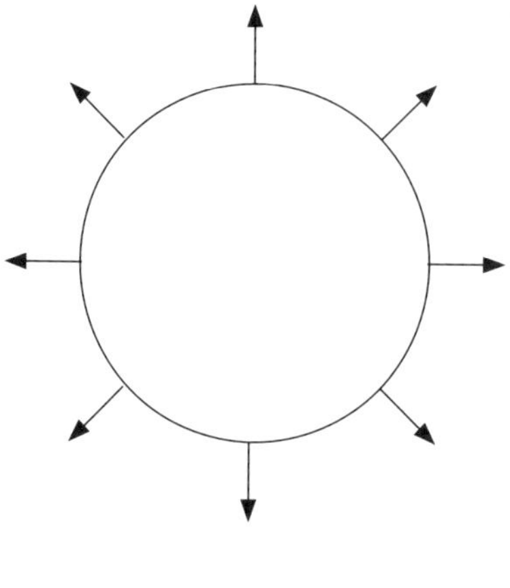

圖十三

回到覺照就行，通常我會說回到方法，但是在默照中沒有方法，只有心的覺照。

按下「重開機」鈕的那一瞬間，咻一聲，所有東西消失無蹤，心中只剩下當下的這個禪堂。當你在禪堂認真用方法，如果紅色的車出現了，只要拿它和禪堂對照，就會發現那輛車並不屬於這個地方。在心的覺照之下，它自然會消失。

意識和習氣是非常狡猾的。

有一次，我在舊金山參加禪七，人明明在禪堂，卻突然出現一張桌子，而我就坐在桌前。於是，我四處張望了一下，我是在禪堂沒錯，但似乎有什麼地方不大對勁，我為什麼會坐桌子前面呢？我的蒲團跑哪去了？

當時，我很困惑，說不出有什麼不對勁。過了一會兒才恍然大悟，原來那是我平常工作用的桌子，我的心巧妙地把

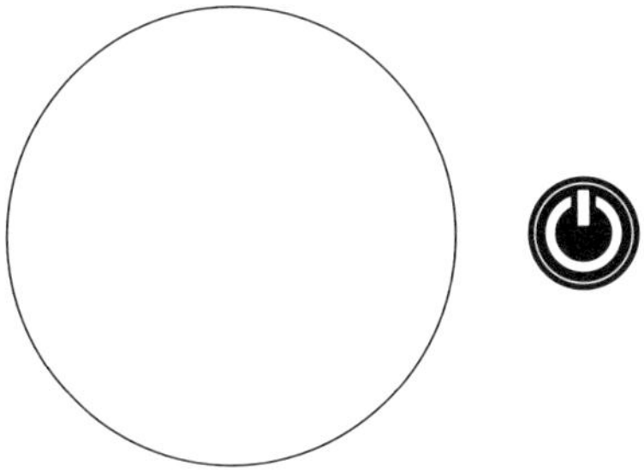

圖十四

它變現在眼前。我明明身在禪堂，卻誤以為自己在工作。接著，我提起覺照，讓心回到它該在的地方。接下來，桌子不見了，四周就是禪堂，沒有任何障礙，一切清清楚楚。我不斷提醒自己：「我在禪堂的什麼地方？」如果你發現自己身在不屬於此地的任何其他地方，那你看見的一定是幻相；如果能持續讓心待在禪堂，也就等於是不斷延長真正使用佛心的時間。

有人不太能夠清楚分辨「恰當的覺照」和「專注」之間的不同，問我覺照時是否應該同時照見所有的感受？

沒錯，覺照時，各位應該同時照見所有的感受。

也有人打坐時，上一秒覺察的是觸受，下一秒覺察的是聲音。

但那其實是意識，這是個好問題。正因如此，我才會說意識千變萬化，甚至能改變事物。我們要用的是心的覺知。（圖十五）上一秒覺察到觸受，下一秒覺察到的卻是聲音，一樣是用一個新的東西來取代前一個東西；從一個對象轉換到另外一個對象上，這時我們依然是在虛妄之中。

這一點是非常幽微的。我們要習慣用心，而非依五蘊起的意識。神通或許可以當作一個例子，神通就好比超常的感知能力。

我舉個很簡單的例子。大約兩星期前，我傳簡訊給一位朋友問候近況。當時，我有些特殊的感覺，類似《星際大戰》（*Star Wars*）裡「原力擾動」的那種感覺。收到簡訊後，她很開心，還告訴我，前一天她的狀況非常不好，幾乎是跌到了谷底。我的心感覺到了，所以她很高興我那麼關心她。像這種情形，不可能出現在意識中。

心超越意識，意識受限於外在世界與自然法則，所以，如果我往上跳，就一定得落地。不管怎麼說，你就是清清楚楚看見出現在心裡的一切，覺照心的同時，也覺照了心中生起的想像。

我希望各位打坐時，維持心的覺照。先確定你身在何處，四處看看：自己是在禪堂嗎？沒錯。我坐在蒲團上？沒錯。我不是在血拚，不是在開紅色的車，不是在做其他

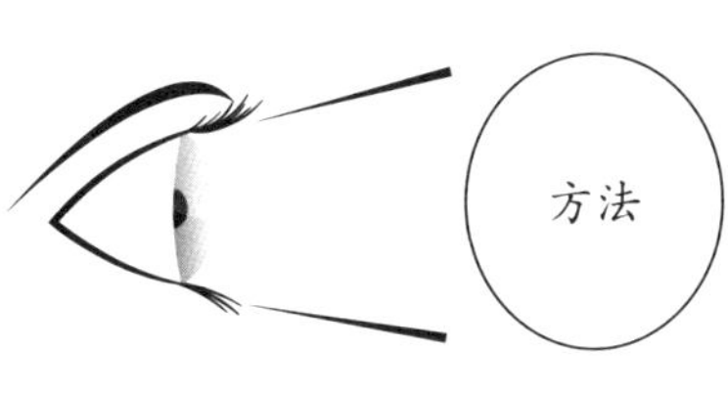

圖十五

事，也不是在工作，就只是坐在蒲團上準備打坐。不論出現什麼，如果只是想像，就讓它離開；如果是對禪堂的覺知，那就維持下去。

懺悔與修行

有人曾問過我在修行中懺悔的問題。漢傳佛教很強調懺悔法門，有時卻不知該怎麼操作。有一些念頭、曾經發生過的事，或是在日常生活中察覺自己做了不好的行為，會令自己很慚愧，而且在打坐時一直浮現，心就黏在上面了，變得一直想要懺悔。該怎麼在這種念頭和「讓它走」之間取得平衡呢？

懇切修行讓你開始明瞭過去的所作所為，這沒有問題。在那個當下，如果想懺悔或迴向也很好，因為這也是在了解心如何運作。而當你沒有在懺悔或迴向時，就應該回到清楚覺知當下。凡事依循中道，我們不能一直停留在曾經犯過的錯誤上，而是該在時機合適時懺悔。

日常生活中，如果自己需要扮演什麼角色，就去扮演那個角色。我經常念佛。

聖嚴師父在念佛法門上給我們的教導非常正確，不過，我是依循與心性一致的方式來念佛，這屬於四正勤的一部分。

心清淨時，不會生起虛妄的念頭。若妄念生起，我們同樣透過念佛讓妄念離開。所以，不論是迴向懺悔或是念佛，都依循著中道，在當下做該做的事。比方說，我是一位律師，遇到有案件時，總不能要我在法官面前，不斷重複：「南無阿彌陀佛、南無阿彌陀佛……。」

如果法官問我：「律師，你在做什麼？」

我可能只能回答：「我在祈禱打贏這場官司。」

所以，我們必須依中道而行，你會找到心的，別擔憂。不過，一段時間之後，如果你仍舊為了過去的所作所為而懲罰自己的話，那就不是中道了。

第二篇

無法之法

是心在觀心

你打坐時常會感到昏沉嗎？會因為身體不適而覺得痛苦嗎？

運用默照法門時，種種覺受會變得特別明顯，因為在默照這種無法之法當中，沒有任何東西能倚靠，所有覺受都會被放大。如果你用的方法是數息或是話頭，這些覺受則很可能會被方法蓋過。你必須耐心地不斷用功，透徹了解默照法門之後，自然有所受用。

只要持續付出耐心，方法一定會有效的。雖然練習需要一些時間，無法馬上奏效，但只要能真正用上方法，就能得到受用。之所以還無法感到受用，是因為還沒有真正用上方法，等時候到了，成果自然水到渠成，這就是我們所該做的。

只要持續耐心用功，剎那間情況就可能全然改變，彷彿來到清澈無波的池塘邊，一切是那麼地靜謐，好像連時間都消失了，所以古人往往用一池清澈的秋水來形容這般境界。

只管打坐，以身體為參照

我要各位直接在無法之法上用功，這是帶各位先到了終點，而非從起點開始。用不上默照的人，可以試著用「只管打坐」這個方法。用只管打坐時，只是單純地覺知身體在打坐。你就只是打坐，覺知自己的身體，不需要添加任何想法，或是注意身上某些顯眼的特徵。

你彷彿可以看見身體正在打坐的輪廓。（圖十六）打坐時，只知道這個身體在禪堂裡占據了一些空間。我們利用這個身體當作參照點，藉由它來觀察心中生起的一切，看看是不是與周圍的環境一致。在我的指引之外，不要添加任何你自己的想法進去。

圖十六

我剛開始跟聖嚴師父學禪時，某次禪七，有一位老參很興奮地跟師父說：「師父，真的有效耶！我的身體本來就有毛病，沒想到只管打坐，竟然可以讓我看見身體裡的器官耶，真是太神奇了。」師父看了他一眼，回說：「那不是只管打坐，有病就該去看醫生。」

不要添加任何想法，想法愈多，就離方法愈遠。如果可以不用只管打坐，直接用上默照，當然很好。如果，因為某些緣故，只管打坐和默照都用不上，也可以回到數息，讓自己安定下來，然後再回到只管打坐，或者默照。

觀心，逼出自我執著

我們要對默照這個方法有信心，之所以會看見心中生起那麼多東西，是因為你不倚賴其他方法，而直接觀心的緣故。這是心對自我的執著，才會生出那麼多意見、習氣、欲望、煩惱。

第一次打七時，我真是吃足了苦頭。有一支香，我幾乎可以說是全世界最憤世嫉俗的人，一下想這，一下想那，整顆心七上八下，怒氣衝天，氣師父，也氣監香。

我尤其氣那位監香，我只不過稍微動了一下，他竟然就走到我身邊，咚！咚！咚！用香板狠敲地板警告我：「不准動！」嚇了我一大跳。我也不過是稍微動了一下而已啊！於是我不得不挺直背脊，繃緊神經，偏偏左右兩位禪眾坐得紋風不動，簡直和兩尊石獅子沒兩樣。我坐在前面，監香坐在後面，兩個人離那麼遠，真不知道他怎麼看得見我在動。

自我的種種醜陋，全都在那支香裡冒了出來。事實上，沒什麼好氣的，不過是我的「自我」不想乖乖坐在蒲團上不動。所以，在那支香裡，我就隨它去，讓它想怎樣就怎樣。自我竟然可以如此醜惡，令我非常震驚，也深感慚愧。

長話短說，最後是在觀世音菩薩的加持下，我才熬了過來。當晚，我就有了相當明顯的進步。隔天早上，聖嚴師父把我叫進去小參，問我坐得如何。

我就說：「噢，我現在坐得很好。真的很好。方法用得上，不覺得痛，而且精神抖擻。」

師父聽了，一臉狐疑地問我：「那，昨晚呢？」

我說：「昨晚是昨晚的事了。」我敢說，前一天晚上「我」對他種種如閃電般的憤怒，師父應該也感受到了。

不過，別忘了要有耐心，妄念是可以克服的。你一定會有所進步，雖然有時你會在禪七中感覺一敗塗地，卻能因為不斷努力而大有進步。

只管打坐，默照的中繼

我希望各位把正見實際運用在修行上。要明白，是心在觀心。

我們可以用不同方式來介紹默照，我知道聖嚴師父介紹默照時，是將默照分成三個階段：一開始先掌握方法，接著進入統一心，最後實際體證心。

這種方式既好也不好。優點在於，對於修行的進程如何，我們能有個概念。缺點則在於，這會限制我們，以為非得經歷某些階段不可。對我而言，修行時若能真正運用正見，就能像六祖惠能一般頓悟。

我第一次參加禪七時，在短短三十分鐘之內，對一切徹底改觀，從原先身體的痛和心裡的苦，轉變為不再為自己，而是為他人而修行，這就是所謂的頓悟。我不是說我已經開悟了，而是想表達頓悟的歷程就像這樣，在座的每一位都可以在彈指之間，實際體證心的本性。

臨濟禪師也告訴我們，不要心外求法，不要把別人捧得高高的，認為自己永遠無法高攀。只要每一天、每一支香、每一分、每一秒，你都懇切地修行，絕對辦得到。只管打坐，只是修行路上的一個中繼站，最終還是要繼續前進。我們只是藉助這個抽象的參照點，朝默照前進。

能夠正確掌握方法時，身體會彷彿消失了一樣。最後，整座禪堂感覺起來就像是我們的身體，同樣地，這種覺受既好也不好。這是統一心，能到達這種境界很好，但不要停在那裡。

採果子的時候，不要只是伸手摘下那些掛在低垂枝條上的果實，就感到滿足了。統一心依然屬於意識的層次。我們不該停留在統一心上，而要繼續覺照，看穿統一心。在統一心的階段，自我幻化成禪堂，有了這個你給它的藏身之處，當然不容易發現。我們要離開對心的概念，實際去體證心。

若去思惟「空」，你仍然無法穿透空。這個「你」指的不是你，不是古德口中坐在蒲團上的赤肉團，而是指那睡夢中的佛。一定要放下自我，就連在思惟「空」的概念時，都知道要放下自我，既然如此，何不現在就放下？

我的話或許令你感到莫名其妙，但只要我繼續說，你終究會懂，會逐漸覺醒。

直觀練習，一切皆平等

接下來，我們要練習直觀，請選定一個物體來觀，就像我觀我的念珠這樣，它是什麼就是什麼，不勞我費神給它名字。它的形狀、本質都是不言自明的，不需要我來形容。觀的時候，沒有念頭，念珠很單純地消融在心中，我不需要去數這串念珠有多少顆，也不需要去思考念珠代表什麼意義，它就是原原本本的樣子。

在戶外練習直觀時，可以觀一個物體，也可以觀聲音。找一個不會移動、近在眼前、姿勢輕鬆就能清楚看見的物體最好，這是我們要做的第一個練習。至於第二個練習，表面上看起來好像完全相反，實際上是同樣的練習，差別只在於我們用整個環境來觀。

在戶外的公園行走時，可以觀眼前的一切，視線不停留在任何物體上，同時看見所有一切，試著練習在同一時間觀察所有東西。

比方說，在禪堂裡，我觀察到有些人愈來愈坐立難安，有些人開始動來動去，或是調整毛巾、或是左右張望，我也聽得見鳥叫聲。一切的一切自然而然生起，而心能在同一時間看見這一切。

這是因為心處於沒有揀擇的狀態中，對心而言一切都是平等的，所以心能觀察到所有一切。這就是思惟和覺知的差異。思惟掩蓋了一切，覺知則讓一切原原本本顯露出來。因此，透過覺知來觀察時，我們就是用心在看。

禪的藝術家

禪修時，時間過得非常快，但對某些人來說，時間卻過得很慢，這很自然，因為你們不是修行的專家。

別太在乎自己的身體。默照的關鍵在於，首先要能夠徹底放鬆全身。所以，你要學著讓身體比現在更放鬆，然後，讓心逐漸放鬆。開始打坐之前，要先培養用默照的適當態度。由於沒有方法，所有細微覺受都會因此而顯得強烈，所以不論是覺受、情緒還是期待，都不要去理會。

時時體現禪

默照法門可說是心最絕妙的展現，真真實實是門藝術。日本武士的心在射箭時非常平靜，所以能輕易射中目標。他們靠的並不是蠻力，而是協調。默照也是如此，禪是一門藝術，要能正中靶心。靶心是什麼呢？是在專注與心的明照之間取得中道。我們並非透過外力來降伏心，而是藉由對「正見」的深刻理解來調伏心。

默照並不適合魯莽的修行人，因為這個方法非常微妙，必須在放鬆和明照之間達到微妙的平衡。默得太過，心不容易明照；照得太過，心則不容易安定。如何在蒲團上保持清醒，又不至於把方法用得太費力，必須靠自己摸索其中奧妙。

這讓我想起，一位禪師問徒弟有何所得？對禪有何見地？徒弟用手畫了個圓。禪師又問：「還有別的嗎？」才一說完，禪師便伸手抓住圓，一把抛向腦後，將禪意體現得淋漓盡致。

無論在做什麼，時時刻刻，都在體現禪。走路是禪，說話是禪，工作是禪，睡覺也是禪。

說來有趣，身為一位律師，有時我會和客戶一起去與對造會面。我告訴他們，打從走進房間的那一刻起，到離開房間的那一刻為止，我所做的一切都是有用意的，哪怕是閒聊也不例外，這就是身為律師的藝術。不過，如果一位律師也能同時體現禪的藝術的話，效果就更好了。

為眾生修行

我們時時刻刻都要能體現禪，彷彿整個環境就是我們創作出來的藝術品。這一句話，在任何一本書裡都找不到，因為是發自內心的話，來自於度盡無邊眾生的懇切誓願。無論做什麼，我們都以禪的方式來體現。各位要拿出所有的工夫，除了指發願的力量之外，也包括知道如何引導這股力量，務必窮盡一切努力精進用功。

我記得某次禪七，聖嚴師父問：「我昨天教了你們些什麼呀？」

有些人把他前一天講的內容，籠統地提了一下。

師父有點失望，又接著問我：「我昨天教了些什麼？」

我說：「早上您說了某個主題，還有一些相關的分類，早餐後是另一個主題……。」我就這樣一路把到晚上的內容，說得一清二楚。

師父問：「你怎麼有辦法記得那麼清楚？」

我答道：「我不是為了自己記的，而是為了將來有緣的人記的。」

菩提心的體現就是我們的藝術，我們並非為了自己而修行。我剛開始打坐修行時，會說我想開悟；有時會退而求其次，只求能黃葉止啼就好了。一直到我不再懷抱著要有任何成就的念頭，開始為他人修行，才真正有所進步。能有機會到禪堂修行非常難能可貴，我們眼前有一片美好的心地，以及許多的佛菩薩，大家還有許多潛力尚未發揮，現在就是展現出所有潛力的時候了！

禪七中，不要浪費任何時間，每一支香都至關緊要。有時你會覺得自己好像在爬坡，坡面滑不溜丟的，才勉強前進了幾步，又滑回原點。這時，感受禪的藝術能給你力量，度眾生的願也能助你一臂之力，繼續朝山巔邁進。

能和其他人一起打坐體驗禪，真令人歡喜！若坐得安定，無形中也能給周遭其他禪眾力量，讓大家一起成就難能可貴的禪七。你們每一位都是禪的藝術家，現在輪到你們盡情發揮了！

安住於無為中

聖嚴師父在《禪門驪珠集》提及，於〈坐禪箴〉與〈默照銘〉中，宏智正覺禪師寫了許多教導默照禪法的詩偈，他的詩偈已臻藝術，是禪的藝術，非常美妙。

大休大歇底，口邊醭生，
舌上草出，直下放教盡去。
洗得淨潔，磨得精瑩，
如秋在水，如月印空。

我記得一個關於虛雲老和尚的故事，他和一些同參道友在深山裡修行，獨自棲身在山洞裡。有一天，他生好火煮芋頭的時候，決定趁這個空檔打坐，結果就入定了。同參們因為始終沒見虛雲老和尚現身，不禁感到擔憂，心想剛好趁著過年向他拜個年，於是就到他當時落腳的茅蓬去找人，才發現虛雲老和尚只不過是在打坐罷了。同參們走進茅蓬，見虛雲老和尚尚未出定，便在他耳邊輕敲引磬，請他出定。虛雲老和尚見他們站在一旁，便招呼說：「你們來了啊，我剛好煮了一鍋芋頭，一起趁熱吃吧！」他們朝鍋子望去，整鍋芋頭都發霉了，原來虛雲老和尚入定已足足有半個月了。

就像剛才引宏智正覺禪師的話：「口邊醭生，舌上草出。」希望這對各位有那麼一點點啟發，能在蒲團上好好用功，這句話真的把禪的藝術體現得淋漓盡致。

如果能放鬆身體，放鬆心，對於身體的種種關注，以及時間感，都會慢慢消退。讓我們重新調整心態，歡喜迎接上坐的三聲木魚「哆、哆、哆」；三聲木魚之後，一片平靜。我們不在意下坐的磬聲什麼時候響起，因為它屬於此岸，而我們的修行則來自彼岸。我們的修行是無為的，天台宗稱之為「理」。

因緣和合而有的心，是現象上的虛妄心。世界上任何會變動的，都是因緣和合而有。禪的藝術則非因緣和合而有，是屬於無為的。在無為中，不去排除那些因緣和合而有的現象，只需要認識到那也是心的一部分就可以了，一切都是心。煩惱也是心的一部分，你可以利用煩惱來修行。我們看見心中生起煩惱，持續安住於無為中。

唯有因果不爽

這些現象來來去去，有它們自己的慣性。現象之所以出現，也是因為「因果不爽」的緣故。我們明白，因果之間的緣起法則是必然的，如果心安住在無為中，那麼這些短暫生起的現象，就無法持續。

電影裡的周潤發，劍耍得威風凜凜，獨自一人面對十萬大軍。如果你站在他身旁，一起面對十萬大軍的話，你覺得你會有多少勇氣呢？你有辦法面對嗎？

祖師大德教導我們，擊退眼前十萬大軍的要領，不在於武力，而在於透過了解現象的虛妄不實，從中戰勝內心恐懼。這些出現在心中的東西猶如鬼影一般，但你要能夠堅信因果不爽。釋迦牟尼佛在菩提樹下打坐時，也懷抱著同樣堅定的信念。面對心中生起的敵軍時，別屈服於恐懼，現象只是心識運作的產物而已，心性比現象更加強大。只需要了解心如何運作，如此一來，就能正面迎戰，化敵軍為智慧。我們透過觀照心來用方法。一滴水真的能夠影響大海嗎？我們修習海印三昧，寂然默坐，自然能消融一切鬼影。

這些話，並不是說給一團團肉團聽的——祖師大德曾用「赤肉團」來稱呼我們的色身，好讓我們不執著這個身體——我說這些，是說給現前的無為聽的，也就是心。如果你能明瞭禪的語言，這些開示就能夠保護你。

超越如夢似幻的世界

幾個月前，發生了一件很有趣的事。睡覺時我做了一個夢，這不太尋常，因為我通常不做夢。夢中，我走進一間爬滿蜘蛛的房子，屋裡還有許多銀色箔片的球體，只要輕輕一碰，球就會裂開，從中跑出許多蜘蛛來。我記得，那間房子非常骯髒，布滿灰塵。然而，有趣的是，沒有任何一隻蜘蛛爬到我身上來。

我在房裡看見幾位學生，但他們對那些蜘蛛似乎渾然無所覺。於是，我走上前告訴他們：「趕快離開這間爬滿蜘蛛的房子。」然後我碰了碰其中一顆球，球隨即裂開，竄出許多蜘蛛。屋裡一片漆黑，我領著他們往外走，到了外頭才發現天氣晴朗無比，而且沒有蜘蛛。然後，我又回頭進屋裡去找其他學生。

就在這時，夢醒了。這時美國西岸仍是清晨左右，東岸的學生已經醒了，正在微信群組裡做討論。他們當時討論的主題是夢，以及夢是否是真實的。有人提議：「來問問吉伯吧。」他們不知透過什麼管道，進到了我的夢裡，把我叫醒，要我回答夢這個主題。

這個世界並不如我們所以為的那麼堅實，只不過是一場夢而已。就連在夢裡，我那些學生也不肯讓我睡覺。這個夢傳達的是，身為佛弟子的我們，有能力超越如夢似幻的世界，我們可以改變這個世界。

聖嚴師父倡導念佛法門不遺餘力，念佛的最高層次是自心清淨。能先自淨其心，才能清淨他人的心，這是心的藝術、禪的藝術，也是念佛的藝術。

諸位要了解，打坐時，只要有一顆至誠心，就會受到保護。上坐後，要盡一切所能精進用功。有很多不同理論探討心如何運作，比方說，中觀學派、瑜伽行派、阿毘達磨等，又或者是中國的天台宗、華嚴宗。至於禪宗，則含攝了以上各宗各派。聖嚴師父的教導涵蓋以上各個宗派，卻始終忠於禪宗家風。

本來我可以向各位多介紹一些理論，但我選擇與各位分享禪的心法，禪的理論就是心法，其餘的都只是語言文字罷了，請把我說的好好放進心裡，認真練習。

有人疑惑：在山洞面壁打坐六年，以及在動中修行，哪一種比較接近禪？默照禪法教我們觀心，但在動中，我們卻仍須面對種種人、事、物，不是嗎？

我再舉個例子，讓大家了解禪為何動靜皆自在。先前我曾向一位氣功大師學習氣功，這位大師的師父給他的考驗，是要他連續打坐七天，七天中不能起身做任何事，喝水、洗手也不例外。這位氣功大師就這樣連坐了七天，卻依然沒有開悟，他本來有悟道的機會，可惜過程中，墮入了黑山鬼窟裡而不自覺。

後來，我告訴他，禪是無上的，比氣功更重要，但他並不認同我的看法。最後，這位氣功大師回到中國後告訴我：「你當初說得對，禪比氣功重要。」這是因為他在中國經過某人提點，才讓他了解禪的可貴。

之所以說動中修禪，是因為禪是無為的體現。在這個世界上，吃飯、睡覺、說話，不論做什麼，禪無所不在。做什麼不是重點；明白一切都是心，一切無二無別，這才是重點。因此，不論在做什麼，始終如如不動，就像聖嚴師父的〈末後偈〉中所說：「無事忙中老。」

不可思議的教導

我要和大家分享特別教導，超越語言文字，不可思不可議，是清淨無為心所體現的美。

一天，佛陀拈起一朵花，在手中稍稍轉了轉，弟子大迦葉見了，點了點頭。嘗試去描述他們兩人之間究竟發生了什麼，只是徒勞，這當中就只是心與心的相印而已。儘管禪宗立基於心與心的相印，卻也強調要深入經藏。不過，深入經藏的目的仍是為了明瞭，禪宗以心印心其實有著厚實的教理基礎。

無為的心即是緣起

我非常希望各位能領會今早那片寧靜的意涵，它宣說的遠超過經論所能言詮，我們當用如此的正見來修行。

在某些特殊時刻，我們能夠契入無為的心，哪怕只有短短幾分鐘，體驗也非常深刻。之所以稱作無為的心，是因為它不仰賴因緣和合而起。

好比有人吃小甜餐包，吃得津津有味，吃完了，還想再來一個。之後，只要聽人提起，就會引起那人想吃小甜餐包的欲望，這是有為的心，因緣和合所生。而無為的心，則能覺察這些習氣在心中生起，也知道它們從何而來。無為的心，不會生起想要得到小甜餐包的欲望。

無為的心有許多名字，比方說：如來、勝義諦、緣起，或者佛心。無為的心與有為的心並非截然二分。由於「空」的緣故，兩者不二，就只是心。

困難之處在於，我們思惟「心」時，不論用英文還是中文，總將它等同於發生在兩個耳朵之間的某個東西。然而，那只不過是「有條件」的意識罷了，所謂「有條件」指的是，任何東西要能生起，都先要有一個相對應的條件讓它生起。究竟而言，所有這些條件又是依何而生的呢？這就是緣起，就像我曾提過的，緣起其實就是佛心。所有的因緣，都來自佛心，這就是正見。

維摩詰居士的棒喝

接下來，要向各位介紹《維摩詰經》，它的主角並不是出家眾，而是一位有大修行的居士。這是一部很重要的經典，指導僧眾修行的雖然是位居士，卻能以清晰的正見，說明心的本質。

有一天，大富長者維摩詰居士走進屋裡，躺上床，示現病貌。許多人從四面八方前來探病。躺在床上的維摩詰居士心想：「嗯，這麼多人都來探望過我了，唯獨世尊還沒派弟子前來慰問。」

有趣的是，佛陀很清楚，維摩詰居士其實只是躺在床上裝病而已。不過，佛陀也清楚，在人情世故上，必須派弟子前去探望。而且，假如佛陀沒派弟子去探望的話，今天就不會有這部經了。這種心領神會不但超越時間，甚至可以說，超越事件發生的順序。

佛陀和維摩詰居士，都是為了諸位而示現，扮演著各自的角色。就連那些不情願去探病的弟子們，也是如此。

佛陀問了一個、一個又一個弟子，誰願意前去探望維摩詰。沒想到，竟然連一個也沒有，而且，每個弟子都有很好的理由拒絕。原來是因為，維摩詰居士曾以正見糾正過佛陀的每一個弟子。

我簡短敘述一下佛陀請去探望維摩詰居士的前兩位弟子。第一位舍利弗說：「我沒有辦法擔當前去探病的重任。」佛陀問：「為什麼？」

舍利弗說：「有一天，我在樹下打坐時，維摩詰居士上前來對我說：『你在這裡打坐求開悟是行不通的。你為什麼要坐在這裡呢？』」維摩詰居士說完這番話後，舍利弗完全啞口無言，頓時覺得自己愈變愈小、愈變愈小……。

舍利弗被維摩詰居士訶斥之後有多困窘，應該不難想像。

維摩詰居士兩手插腰，站在舍利弗面前，而舍利弗則心虛不已，連忙起坐逃之夭夭。然而，維摩詰居士是對的。

下一位佛陀請去探病的是大目犍連。過去大目犍連在園林裡為一大群人說法時，維摩詰居士也現身當場。他對大目犍連說：「你不該這樣子為人說法，你說的都只是語言文字而已。你難道不知道，法是沒有辦法教的嗎？你難道不知道，應該依循正見來說法嗎？你是在欺騙這些人，讓他們誤以為有佛可成，可是，他們本來就已經是佛了啊。如果照你說的去做，他們會像狗追尾巴一樣，永遠沒完沒了。」

當然，我們必須為眾生提供一些指引，不過，我們心中很清楚，其實沒有什麼可以教。我們要用這種態度為他人提供指引。

我也可以用很學術的方式滔滔不絕，但是，如果與正見不相應，這些話就一點價值也沒有。在正見當中，一切都只是心，一切都是圓滿的。

這時，我們不禁會想，如果一切圓滿，為什麼還有死亡、戰爭和毀滅？

倘若你做了個夢，在夢中，你被車子撞死了，假如你忽然醒過來，會看見臥房裡有車嗎？

那只是一場夢而已。

眼前當下就是一場夢，佛菩薩很清楚這個世界如夢幻泡影。我希望，有一天能發明一個巨大無比的鬧鐘，好把各位的佛性喚醒。「叮叮叮叮叮！好囉好囉，這裡沒什麼好看的，快走快走，趕快醒醒！」

「棒喝齊下」是我們僅有的工具，藉此來警醒你、慈悲你，但你們得靠自己精進才醒得過來。練習默照時，直接往心內去觀。一開始，目的並不在於讓這個如夢似幻的世界消失。

師父的點撥

某次禪期中，我在走廊上看見聖嚴師父，他的智慧甚深難測。雖然當時我的年紀也不小了，回想起來，卻還是覺得自己彷彿穿著短褲的小男孩。

我對師父說：「師父，我懂了，我了解了，這世界就像是騎腳踏車一樣，如果把棒子伸進車輪的輻條裡，車就會停下來。」師父緩緩回答：「是，沒錯。」我聽了很歡喜，轉身離開。這種狀況在師父和我之間發生過好幾次，師父不說英文，但和我說話時，他總是說英文，或某種我們彼此都了解的語言。

我才走沒幾步，師父竟叫住我，伸出手指指著我說：「吉伯，別忘了，只有對你一個人而言，世界停止了。」師父經常這樣對我，讓我有機會想得更深。沒錯，的確只有對我一個人來說，世界停止了，但還需要喚醒其他人，這是非常重要的。

第一次和師父打七時，發生了很多趣事。有一天，我和師父聊天，他突然說：「你有機會成阿羅漢。」短短一句話，聽得我心花怒放，忍不住挺起胸膛，顧盼自雄，左右張望了一下。「真的嗎？這樣看起來像阿羅漢嗎？」

大多數人都覺得我看起來像彌勒佛。我要強調，是「看」起來像。過了一會兒，我才恍然大悟，師父為什麼調侃我。師父是在點撥我，在長養我的慈悲心；為了長養慈悲心、行菩薩道，我要學的其實還很多。

重點在於，用默照這個方法時，不論覺察的是什麼，都只是心的顯現，煩惱也好、障礙也好，都是心，這就是維摩詰居士所說的不二。覺察到這些時，不需要試圖排除，心本來清淨，不需要作意讓心清淨。

什麼是空？

許多年前，在聖嚴師父與達賴喇嘛的對談上，有觀眾問師父：「要了解空性的話，必須要遮除什麼？祛除什麼？真如又是什麼？」這裡的「遮除」指的是排除、祛除。

「空性是什麼？真如又是什麼？」這真是一個非常非常大的問題，很不容易在短暫的對談中詳細說明。

之所以要將師父的回答分享給各位，是因為這當中包含了甚深的智慧。我們沒有辦法透過語言文字來了解「空」，「空」不是語言文字所能呈現的。儘管如此，師父的回答應該算是最接近的了：「空性的意思是要斷兩個極端，一個是實有，另一個是虛無，但也不能執著中間。這叫作中道，是中觀派的教義。」關鍵在「不執」於這是真的、不是真的，或沒有任何東西存在，空性超越了這種理解。

心在哪裡？

《楞嚴經》著名的「七處徵心」中，阿難無法確切說出心在哪裡。佛陀第一次問阿難：「你看見的佛在哪裡？」

阿難答道：「我看見佛在外。」

佛陀接著問：「那你自己又在哪裡呢？如果我在這裡的話，我就在你的心外了。」阿難又說：「佛在內。」

佛陀答說：「若在內，我的色身不就擠在你的腦袋裡了？不對。」最後，阿難說：「在中間，在你我之間。」

佛陀又說：「那你能不能指出『中間』確切的位置在哪裡？」

佛陀連番質問後，阿難非常挫敗，原因在於，他試圖標定出一個位置。如果請你在海面上標定出一個位置，你辦得到嗎？你能拿根棍子在海中畫一道線嗎？這是不可能的。這是在語言文字所能詮解之外的。

師父說，他的詮釋源自於中觀學派。不論是世俗諦或勝義諦，我們都既不肯定也不否定。有趣的是，中觀學派的龍樹菩薩並不試圖為心下定義，沒有試著要在大海中畫一條線，他真是非常聰明。從與他同時代的哲學家，一直到今日的哲學家，都很惋惜他沒試圖那麼做，如果他嘗試為心下定義的話，這些哲學家就能有立基點來駁倒他了！

有一部老電影叫《綠野仙蹤》（*The Wizard of Oz*），有人看過嗎？有個迷路的小女孩，走著走著遇見了一個稻草人，小女孩便問：「我該往哪走呢？」稻草人答道：「嗯，往這好。」小女孩說：「往這嗎？」稻草人立刻改口：「往那也很好。」女孩聽了一頭霧水：「你在說什麼呀？」稻草人又說：「老實說，走你剛才來的那條也可以。」稻草人怎麼說都不會錯，唯一會錯的情形是他單單只指出一個方向。

沒有名字的真如

師父接著說：「真如則是唯識和如來藏的教義，了解真如很簡單：你知道有煩惱，煩惱就是真如。」

這句話說得真好！非常深奧。還記得嗎，我曾跟大家說過，諸佛用眾生的煩惱來修行，既然你的佛性本自具足，就應該用你的煩惱來修行。這就是真如。

「愚癡的人，經常情緒化的人，根本不知道自己有煩惱，這個人是不知道有真如的；如果對自己的煩惱、情緒很清楚，就是跟真如相應，因為煩惱全部斷盡，微細的無明全部斷盡了，就是成佛了。所以我說煩惱就是真如，如果沒有煩惱，真如也不存在……。」這裡指出一切唯心。然後師父說：「真如只是個假名字。」我們也可以說，真如只是一個概念上的名字，表示它是一個因緣和合而有的名字。心，有如龍樹菩薩所說，既非往左、往右，亦非往後。

師父最後說的這句話我很喜歡。「這可能很難理解。」到目前為止，我試著為各位說明的一切，師父只用短短一個段落就說完了。這段話是師父的自性流露，非常精彩。因此，對於正見的真切了解，就是不要試圖去「理」解。這是沒有名字的真如。

我現在要把各位扔進深水區了，接著要講《辨法法性論》，梵文稱作*Dharma*

Dharmata Vibhanga，是彌勒菩薩所著。這是部很深奧的論，據說是彌勒菩薩在兜率天為無著菩薩所講述。

彌勒菩薩所說的是心所執取的相。論中提到：「以於非等引前，現自分別故。」意思是對於不在平等心中的人而言，生起的是念頭。平等心是已經安定下來的心，對於任何相都不再執取。未能達到平等心時，我們會執取心中生起的影像，把它當作我們的念頭。

「於等引三摩地行境中，亦現彼影像故。」則是說對於在平等心中的人而言，則猶如在定中生起的影像。心平靜時，所見的一切都只是心鏡上的映現，轉瞬即逝，虛妄不實。水桶中映現的月亮，如果伸手去抓，抓得到嗎？實際上，它是沒有辦法被執取的。

以上這部分比較簡單，不過，我打從心底相信，接下來要說的，各位也能夠了解。論中接著說：「若現似所取非有，則現似能取亦成立非有，故善成立能取所取現而非有，無始等起善成立故。」這段話是指看似被執取的，實則不存在。看似去執取的，實則亦不存在。由無始全體顯現故，而能契入看似能取、所取二者皆不存在。

這很不好懂，我換個方式說好了。沒有可以執取的相，也沒有可以執取的人，這是由於全體顯現的緣故。全體顯現，就是指體證心的實相；心的實相中沒有二元對立。練習默照時，要能了悟，既沒有在覺察的人，也沒有被覺察的相。

怎麼理解這段文字，非常重要，讓我再用稍微不同的方式來說明。畢竟，各位什麼時候會忽然「阿哈！」一聲證入心的實相，誰又知道呢？論中說，依「無始全體顯現」而實證既沒有執取的人，也沒有相可以執取。「無始」是指佛性，「全體顯現」則是指實證萬法唯心。

用默照時，就只是觀，往心內觀。心逐漸安定下來之後，粗重的煩惱不再出現，只會覺察到有些念頭的痕跡在心的周緣浮現，這些痕跡會逐漸減弱。就像日蝕完整顯現時，心的全體就能看得清清楚楚。

這時，心的邊界也會消失，留下心地，也就是法身。一切看得清清楚楚，即使有一隻鳥飛過，對你而言，那也只是心。宏智正覺禪師將這種境界形容為白鷺飛過月亮，我倒覺得像條透明的魚在海裡悠游。

不斷不斷往內觀，一直觀到念頭不起、不再有主客二元對立，完全安定，便是心的全體顯現，這也就是聖嚴師父所說的：「煩惱就是真如。」

只是向內觀心

雖然眾生所處的這個世界猶如夢幻，但我們仍須留在夢裡。一切又會重新開始，唯一的差別在於，不論看見什麼，我們很清楚那只是夢，只是心。這也就是維摩詰居士所說的正見，別讓他人誤以為，只要行為合乎人天善法便能開悟，而是要讓他們了解，一切都是心。

行為合乎人天善法雖然有利於體證心，但最多只能生天。具備正見的功用，則在於淨化這個世界，將它轉變為清淨的佛土。不論身在何處，只要一念與這樣的教法相應，所見便皆是清淨佛土。一切教導的目的只在於讓人們理解正見，從夢中醒悟，明白自己本具佛性。

我們明白，究竟而言，並沒有什麼要教的，唯一要做的是實際去體證心。倘若你老實用方法，默照可以帶你抵達這個目的地。不疾不徐，耐心地用方法——就只是向內觀心。

有時候，一些人會好奇地問我：「你在看什麼啊？一副那有多特別的樣子。」我只是在觀心而已啊，心無所不在，你也看得到的。不論朝哪個方向看，看到的都是心。

誰是機器人？

我知道，我所介紹的默照禪法，和很多人所知道的不太一樣。你以前學的默照，可能只是要你坐在那裡，安安靜靜，不出聲。不過，如果不了解理論、不知道坐在那究竟要做什麼的話，有什麼用呢？坐在蒲團上時，是很活潑的。

你會覺得奇怪：「我在打坐耶，要怎麼活潑？」打坐是身體在坐，坐著坐著，就忘了身體。但是，心依然相當活潑。我曾提過佛教學者金薩莉（Sallie B. King），她對佛的定義就是「活潑」。

一切都是佛心的顯現，不需要東奔西跑，只要融入周遭的環境就可以了。禪坐時，提起你的覺知，甚至不該說提起「你的」覺知，而就只是單純地覺知。心能覺知禪堂裡的一切。一切都不去思惟，安住當下，覺性便能顯露。

切到佛陀台，好好用功

我們好比機器人，需要發揮功能的時候就動，只是利用身體來體現佛法而已。該工作時工作，該睡就睡，該吃就吃。有些人會說：「你根本是機器人，無感的機器人。」事實並非如此。這些反應是自然而然的，該動就動，是出於慈悲與和諧而動。

我的回應是：「正好相反，你才是機器人。你不過是習氣與慣性的奴隸罷了，本該狗搖尾巴，你卻是尾巴搖狗，本末倒置，被習氣牽著走毫無選擇餘地。而我則選擇與佛相應，不與貪、瞋、癡相應。就算做了錯誤抉擇，我也知道。」

抱持這種態度在蒲團上用功，肯定會有受用。我試著用不一樣的方式，將語言文字無法傳達的甚深法義，傳達給你。

上坐後，切換到「佛陀台」就行了，就這麼簡單。這是免費頻道，不必付錢。諸位務必全力以赴。別有任何一絲保留，不要事後才懊悔當時沒盡全力。

有位禪眾，剛上坐時，心很清明，一段時間後開始昏沉，立刻又拉了回來。最後要結束那支香之前，他非常清楚自己在禪堂，忽然間，整個人都不見了。在這個過程中，他感覺內心非常輕安。他疑惑，這樣是否正確？

我告訴他：「當時，你應該將自我也放掉。」《愛麗絲夢遊仙境》（*Alice's Adventures in Wonderland*）裡，有隻笑臉貓，能讓自己的身體消失，只剩笑容看得見。他的情況就像那樣。對他而言，這個進展很好。身體的感覺漸漸減弱是很正常的，手也好，腳也好，不再有感覺；腿不再痛了，整個人覺得飄飄然，這表示修行是朝正確的方向進展。

不過，就在此時自我浮現了，坐在他身旁，搭著他的肩，悄悄地對他說：「手感覺不到了，腳也感覺不到了。你真的好棒喔。咱們倆一定沒問題的！」

那個當下，我們得警告自我：「給我走開！」

小時候，如果有人一直搭在我們肩上，我們也會想辦法掙脫。修行時，要擺脫自我的糾纏。自我就藏在你所見的景象中，但心看得見。自我很狡猾，不過，你已經有所準備了，下次它重施故技的話，記得提醒自己：「等等，我看見了。我很清楚自我生起了。」這樣一來，它就沒辦法再用同樣的伎倆耍你。

自我會用其他巧妙的手段，把你從方法上帶開。你要持續在方法上用功，不過，這並不容易，畢竟我們用的是無法之法。就只是單純地去觀。

聖嚴師父曾說：「你不該放下方法，有一天方法會放下你。」在那一天到來之前，別向自我妥協，用心觀照，將自我看得清清楚楚。

煩惱即真如

在聖嚴師父與達賴喇嘛的座談中，有關空性的回答，我想再向大家深入說明一次。

長話短說。問題包含兩個部分，第一，當我們說空時，袪除的是什麼？第二，什麼是真如？師父從中觀學派的理論來回答。

我現在要說的，比師父原先的回答要多一些。龍樹菩薩提出了「二諦」的教法，指的是世俗諦和勝義諦。事物存在還是不存在，根本上的真實為何，他並沒有定論。說來有趣，以前練氣功時，我常經歷一些奇怪的現象。當時，我的太太也和我一起練，她常問我：「這是真的，還是假的？」我說：「不用管是真的假的，那不重要。就是這樣。」一切都是心性而已。

龍樹菩薩並沒有明確指出，在世俗諦之外有沒有勝義諦。師父也選擇同樣的方式來回答。「空」這個概念，真的無法憑思考理解，只能直接體證。這個問題其實是個圈套，一不小心就容易中計，起分別想：這個是、那個不是。然而，有真實體驗的修行人不會上當，只是用「如」來說明。

二諦教法後來進一步擴展成「四句」，《大智度論》中說：

一切實一切非實，及一切實亦非實，
一切非實非不實，是名諸法之實相。

除此之外，龍樹菩薩並沒有採取特定立場。聖嚴師父要說的是，煩惱即真如，我們無法把煩惱從心中分離出來，煩惱只能出現在心中。如果說，煩惱是真實的，如此一來，煩惱與真如便會形成二元對立。又如果說，煩惱不是真實的，但真如是真實的，同樣也會陷入兩難。所以，我們不用非黑即白的方式來描述空，說它是真或假，就只是「如」。

師父會說：「你必須先了解自我，才能消融自我。」這是無為而知，不是有為的知，不是世俗層次的知。這樣的了知，與維摩詰居士闡釋的正見相應。同理可證，如果說沒有煩惱，如此一來，也不會有真如，因為煩惱只出現在真如中。要再次提醒各位，「真如」這個名相，只是概念上、約定俗成的稱呼或形容而已。師父所描述的心的層次，只能藉由這種方式來呈現。

我常說，我不是老師，真的不是，這道理是相同的。我沒有什麼可以教人。如果真有什麼可以教，我會寫本開悟寶典，大家讀了都能開悟。當然，坊間已經找得到一些這樣的書了，一本只要百來塊。讀了之後，你會發現：「嗯！我的確開悟了！我開的這個悟大概值個幾百塊吧！」

這個問題，師父回答得非常高明，值得花時間解釋清楚。

怎麼放出瓶中鵝？

默照是無法之法，不易掌握。我提醒各位要向內觀心，不過，「向內觀」是什麼意思，並不容易了解。

什麼是意識、心、思考，什麼又是觀？我們並不清楚。所以，接下來我先從一個小問題切入。

瓶中養鵝

假設有支窄口寬身的玻璃瓶，我們將一隻剛出生的小鵝放進瓶中，給牠水、食物，每天替牠清理環境。各位能在心中看見這隻鵝吧？時間一天天過去，原本的小鵝長成了大鵝。有什麼方法可以在不破壞玻璃瓶、又不傷害到鵝的情況下，順利把牠放出來呢？（圖十七）

鵝無法穿過這麼狹窄的瓶頸，我們得趕快想出辦法，否則的話，這隻鵝很快就會死。能夠想得出辦法嗎？記得，這是支上好的玻璃瓶，必須保持完整才行。

要怎麼樣才能將鵝從瓶子裡救出來呢？

大部分人都認為說：「不給牠食物。」是要餓死牠囉？呃，我想你是可以這麼做沒錯，不過，你把牠從瓶子裡拉出來時，難保不會斷上幾根骨頭。不過，至少你很認真地在動腦筋。還有其他人想出辦法嗎？

有人反問：「玻璃瓶和鵝是真的嗎？還是只是畫在白板上的圖呢？如果只是圖，那有什麼關係呢？」怎麼會沒有關係呢？對鵝來說有關係呀！

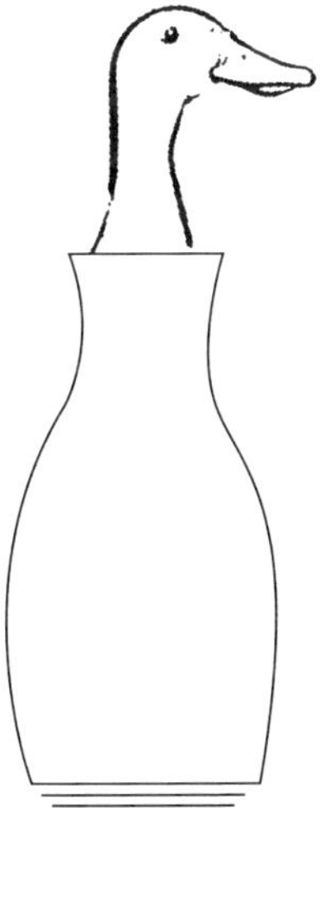

圖十七

有人建議：「如果只是圖的話，大可擦掉，重新畫過就好啦！」讓我試試擦掉圖。如果行動失敗，鵝就小命不保了。

有人說：「那影印好了。」影印？這個想法不錯，至少有很認真地在動腦筋。嘗試的方向是正確的。

「救命啊！」鵝在求救囉。好，再試試看。

有人建議：「畫一個更大的瓶子，把原來的瓶子擦掉。」你是在什麼地方看見這張圖的？你是在投影螢幕上看見的？還是在你的心裡看見的？

很多人說：「兩邊都有。」兩邊都有的話，就有兩隻鵝囉？

有人提問：「我們的意識是在這，不是嗎？」如果意識是在我們心中的話，那又是誰把鵝放進去的呢？

大家回答說：「是我。」沒錯，愈來愈接近了，幾乎就要找到答案了。是誰把鵝放進瓶子裡去的？

有人說：「是自己放的。」如果是你把鵝放進去的，那就等於是說，你有辦法把鵝救出來。這個問題是你自己造成的，所以你當然可以讓問題消失。你只需要說：「鵝出來了！」瓶子裡的鵝立刻得救。

這其實是個很有名的公案「瓶中養鵝」，關鍵在於，究竟是誰把鵝放進去的？修行時，是誰把東西放進來的？（圖十八）

不用頭腦想

不論我們在意識裡覺察到了什麼，那些是誰放進去的呢？就是我們自己放進去的。是我們自己造成了這個問題；是我們自己把鵝放進瓶子裡去的；是我們創造了「自我」。自我是心創造出來的，因此，釋迦牟尼佛證悟之後才會提出十二因緣的教法。

「我」是我們自己創造出來的。（圖十九）

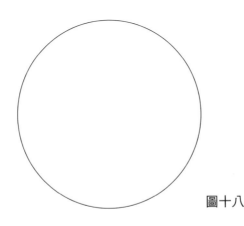

圖十八

向內觀意識的不是這個「我」，這個「我」是意識的一部分。向內觀意識的這隻眼睛是「無念」，不用頭腦想。不過，別著急，這圓內同樣也是無念。

我們會說：「我在思考。」就算如此，唯一能思考的也只有這個「我」，但這個「我」其實原本並不存在。「我」是被創造出來的。真正在觀什麼是意識的時候，是沒有「我」的。精確地說，沒有我相、人相、眾生相、壽者相。只有心望向意識深處，持續觀著意識。

有趣的是，「無念」並不代表完完全全沒有思惟運作。我可以說，從開始開示到現在，「我」沒有任何念頭，但是，「心」卻出現過許多念頭。

「你到底在說什麼啊？」你肯定很困惑。別著急，聽我慢慢說，這和你在蒲團上用功有直接的關聯。無念，指的是沒有自我。默照是直觀心地；觀的過程中，自我可能

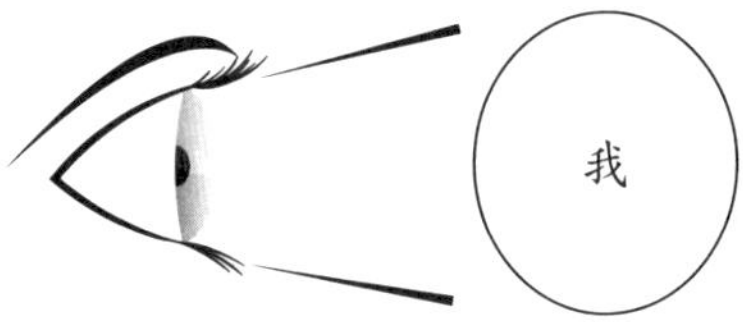

圖十九

會出現在這圓中，但不會出現在圓外的眼睛旁，那裡是沒有自我的。

接下來，我要帶你更深入一些。這圓外的眼睛，是「無我如來藏」，也就是無我的佛性。佛性本來就是無我的，之所以重複強調，是為了清楚說明。這也是三法印「諸法無我、諸行無常、涅槃寂靜」的其中之一。圓外那向內觀的眼睛，是不生不滅的。默照之所以為默，是因為其中沒有自我，只有心。照，也是心。以心觀心，這就是默照之所以有效的緣故。

在如來藏的教法中提到「如如智」、「如如境」。如如境即是法身，如如智即是知。如如智指的是如來藏能知的功能、心能知的功能。兩者合稱「如如」。

能觀的圓外之眼，是心能知的功能，所觀的環境則是法身。祖師大德說得很有道理：心認得你，你卻認不得心。心很清楚，在默照中是用心在觀。

用心直接觀心

默照，是用心直接觀心。

能知的心向內觀心，這兩者其實是不二的，就像下面這個大圓。（圖二十）

以心觀心的過程中，兩者間的界線會自然而然逐漸消融，因為心本來就不是分開的。消融的唯一阻礙是自我。能知的心向內觀心，見到自我生生滅滅。

是誰在開車？（圖二十一）是自我在開車，伴隨著那輛車出現。

心向內觀心，看見某樣東西生起時，同時也就看見了自我隨之生起。

有時我們會看見自我伺機而動，等著找碴，不是打算發表高見，就是準備挑三揀四。

《信心銘》開頭兩句也說：「至道無難，唯嫌揀擇。」沒有自我，就沒有揀擇。有所揀擇時，就算沒看見自我，依舊能覺察到對那輛紅車的渴望，而這正是

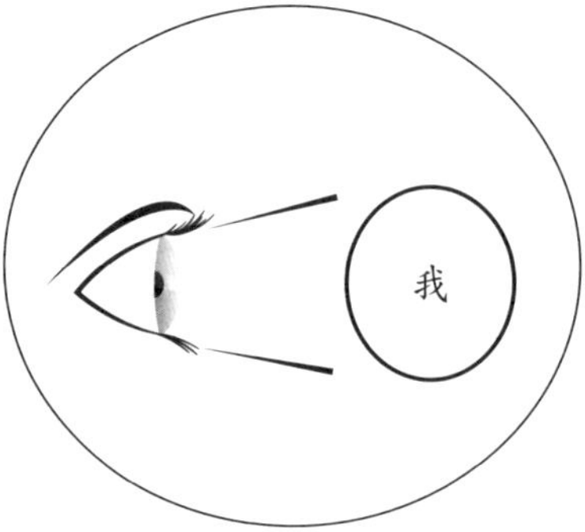

圖二十

自我的產物。照中的觀沒有揀擇，只是單純用心本具的覺性，以此覺察心中生起的一切。心當然辨得到，因為是心在運作。心對心了了分明。

自我只知道一件事：它害怕心，不斷迴避，不願面對心，甚至試圖和心談條件。自我會說：「哎呀，我也沒那麼壞啦，犯不著趕我走吧，我保證一定不會再給你惹麻煩的！」

別被自我騙了

別相信那個自我。

下次你聽見心裡起了這樣的念頭：「嘿，他在羞辱你耶，快罵回去！」就知道自我又回來了。

等你被老闆炒魷魚之後，他又會嘀咕：「看吧，早就

圖二十一

叫你不要衝動，偏不聽！」

有次我去紐約主七，結束後，一群來自康乃狄克州的禪眾希望我給他們一些簡短的開示。

提到因果不爽和自我這兩點時，我說：「如果你敢罵你老闆是白癡的話，鐵定會被炒魷魚。」那群人一聽，每一個都瞪大了眼，張大了嘴，只差下巴沒掉下來。

開示完後，康州禪眾的代表開車送我去機場，路上她忍不住對我說：「站在你左前方的那位年輕人，你還記得嗎？」「記得啊，怎麼了？」「他剛罵他老闆是白癡，昨天才被炒魷魚咧！」

所以，千萬不要任由你的自我擺布。重點在於，坐上蒲團後，一定要知道自己在做什麼。要用心去觀心。

不教傻瓜禪

向內觀心時，自然會看到許多東西來來去去。這是再自然不過的事情，不需要大費周章去排除它們。就算你真有辦法將它們排除得一乾二淨，那其實也和落入黑山鬼窟沒兩樣，念頭本來就會生起，這很自然。

聽見鳥叫聲時，你會有什麼反應？難不成你會在心裡嘀咕：「小鳥啊，別叫好嗎？我不要聽你叫，我沒聽見、沒聽見……。」

聽見鳥叫聲沒有問題啊。不過，如果在飛美國的飛機上聽見鳥叫聲的話，可能就有問題了。

已經生起的，就讓它生起。可能是某個人很高興，某個人很難過，又或者是某個人在生氣。能知的心，也就是圖中這圓外的眼睛（圖二十二）是沒有揀擇的。

讓我再次說明觀心的遊戲規則，不需要把念頭趕走，只需要明照這些念頭就可以了。如此一來，就能清楚知道接下來你會往哪去。

下腳處一點也不差

在這方面，聖嚴師父有個很有趣的故事。當年，師父隨著國民政府軍隊從大陸來臺，蔣介石找不到地方讓部隊紮營，只好先駐紮在一間很大的倉庫裡。所有士兵都必須肩併肩睡在一起，擠得就像罐頭裡的沙丁魚一樣。晚上就寢時，燈一熄，四周頓時漆黑一片，什麼也看不到。

師父說，如果想上廁所，有兩個選擇：一是試著跨過其他在睡覺的士兵的身體；二是就在睡的位置附近解決，天亮後，假裝沒這回事。

師父拿這種狀況來比喻我們對自我的執著，因無明深重，不知道自己在做什麼，三不五時就會踩到東西。不過，師父也說，如果能以明照的心來修行，就像是點亮了燈，知道要在什麼地方下腳，絲毫不差。

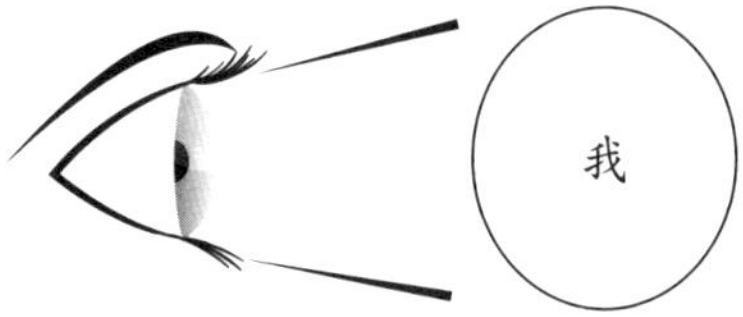

圖二十二

要明白，心了知一切，自我卻什麼也不知道。我們不需要讓心空空如也，只需要清楚明照心中生起的一切。所以，別告訴自己：「不要想、不要想、不要想！」念頭是必然會生起的，這麼做只是徒勞無功罷了。

臥輪禪師有伎倆嗎？

六祖惠能關於「無念」的教法廣為人知。這裡有個關於他的故事，很有趣。在《六祖壇經．機緣品》中，提到：「有僧舉臥輪禪師偈云：『臥輪有伎倆，能斷百思想，對境心不起，菩提日日長。』」

你覺得臥輪的見地如何呢？詩偈中提到「臥輪有伎倆」，你認同這句話嗎？有人會說：「他能把念頭截斷，看起來，是有些伎倆，可是……。」也有人會說：「我認為他是有伎倆，不過，見地就普普通通而已。」所以，你認為他的確有伎倆嗎？

菩提日日長嗎？

接下來，是惠能大師糾正臥輪禪師的詩偈：「師聞之，曰：『此偈未明心地，若依而行之，是加繫縛。』因示一偈曰：『惠能沒伎倆，不斷百思想，對境心數起，菩提作麼長。』」

臥輪的第二句是「能斷百思想」，有人自認能斷百思想嗎？惠能則說：「不斷百思想。」

臥輪的下一句是「對境心不起」，你覺得呢？面對外境時，臥輪的心不起，這樣正確嗎？聽起來挺不賴的吧？心如止水，對不對？

惠能說：「對境心數起。」為什麼你覺得不對？

有人認為：「如果他用數字來表達，代表他還是起了那些念。」

那你覺得什麼數字才對？

有人說：「一旦有數目字起來，就表示有念頭浮動，他的心是不清淨的。」

臥輪的第四句是「菩提日日長」，臥輪心中的菩提，真的一天天在增長嗎？

有人回答：「我認為那是表相的長，不是實相的長，也不是本性的長。就如同我們採用默照，起初也是有個方法，只是到最後沒有方法。」我認為這個人有潛力成為讓人暈頭轉向的學者。

再回到剛才討論的問題，《心經》又是怎麼說的？「不生不滅，不垢不淨，不增不減。」

沒錯，不生不滅。心怎麼可能增長呢？心要長到哪去呢？雖然我們說心是無限的，但實際上是不增不減的。心沒有辦法用數字來計量。

聽到這樣的說法，應該覺得壓力沒那麼大了吧？如果心中生起千千百百個念頭，不要緊，不需要把它們斷除得一乾二淨，只要不執著就可以了。

如如即是涅槃

惠能大師的弟子神會，在〈顯宗記〉中是這麼說的：「無念為宗，無作為本，真空為體，妙有為用。夫真如無念，非想念而能知實相。無生豈色心而能見？」

《臨濟語錄》中，臨濟禪師則說：「脾胃肝膽不解說法聽法。」

〈顯宗記〉中，神會禪師又說：「無念念者，即念真如；無生生者，即生實相。無住而住，常住涅槃。」

如來藏思想所提出的「如如」就是「涅槃」，就是法身、報身、化身、涅槃、心。就是下面圖中包含眼睛和小圓在內的整個大圓。（圖二十三）

起初你可能會覺得困惑，不過，只要依照這個方式練習，心就能逐漸安定。你不需要消滅出現在心裡的東西。心一直都在，只要去明照就可以了。一點一點地，你慢慢就能體會。

我在加州大學洛杉磯分校念書時，曾經修過一門社會學領域的進階課程。這位社會學教授發明了一套獨特的語言來形容某些事件，每一位上他課的學生都像鴨子

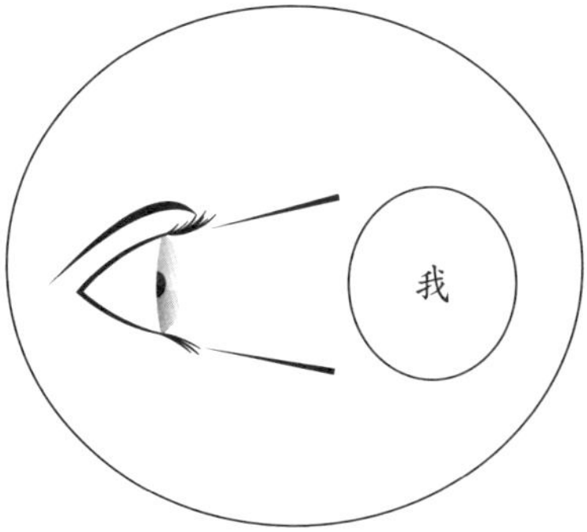

圖二十三

聽雷，完全不知所云。

於是，我動手把他說的話一字不漏地記下來。後來終於破解了他的密碼，弄懂了他到底在說什麼。說來你可能不信，那位教授說了一大堆，只是為了說明人為什麼要排隊。真的就是這樣。考試時，我就把他在課堂上說的全寫進答案裡，拿了全班最高分。

我不是來教傻瓜禪的，是來教菩薩禪的。我寧可敦促各位向上精進，也不願教無用的東西。希望大家好好去參究我所說的，好好去觀你的方法，努力用功。

第三篇

心的陷阱

綿密用功，滴水不漏

我要向各位介紹博山禪師。這本書是師父寫的 *Attaining the Way: A Guide to the Practice of Chan Buddhism*（《參悟之道》），我要用它來向各位介紹臨濟禪師對正見的開示。我也會引用博山禪師在《博山參禪警語》中對於修行的指導，他對於禪修的說明非常直接、正確。

師父在此引用《博山參禪警語》中，黃檗禪師的開示：

塵勞迥脫事非常，緊把繩頭做一場，

想像一下，如果你正在爬山，一定會再三確認身上的繩結打得很牢固，畢竟這與你的生死有關。在禪堂，也是在面對生死大事。因此，一定要確認方法用得正確。

博山禪師則是比黃檗禪師更進一步，強調結要打得密密實實，不容一絲光線穿透。修行時，試著別讓種種妄念控制意識。相反地，我們利用這些妄念，深入參究，讓修行滴水不漏。

不論用什麼方法，工夫都要綿密，才能進步。另外一方面，也必須斷相續心。相續心指的是為煩惱、欲望所困的心。

確認方法用得恰當

我們實際體證到的心，在修行中是自由自在的。儘管持續不斷地懇切修行，其實不需要費太多力氣，就能專注在方法上。在眼前當下，只要恰到好處地將注意力放在方法上就可以了。這是正確的專注。能夠正確地專注，同時也就是恰到好處地在明照心。

能夠用上方法之後，怎樣才能持續維持在方法上呢？一位禪師曾經有過這樣的絕妙譬喻。他說，就像一位母親帶著孩子來到公園，她坐在椅子上，孩子在一旁玩，只要能夠知道孩子在哪裡，而不會過度擔心，能像這樣專注就夠了。

只要用這種方式開始練習，試圖用力掌握方法所造成的緊繃，就會迎刃而解。所謂工夫用得綿密，並非指要用上很多力氣，只要確認方法用得恰當就可以了。

芭蕾舞者表演時，心中沒什麼壓力，看上去，跳得也並不費力。舞者的練習當然很紮實，但在展現舞姿的時候，心是自由的。既沒有太多壓力，也不是隨便想怎麼跳就怎麼跳，而只是知道有舞要跳。我們持續在每個當下體現禪。不過緊、也不過鬆，綿綿密密。這樣用功，很快就會受用。

一年冬天，黃檗禪師閉關獨修。初春的某日在打坐時，他忽然聞到外頭樹上飄來梅花香，於是寫下：

不是一翻寒徹骨，爭得梅花撲鼻香。

修行要能吃苦。如果你現在覺得，比起坐在蒲團上，還有其他事更值得你去做，就要把這個念頭給扭轉過來。現在可不是嚴冬，不會寒徹骨，不過，只要精進用功，撲鼻的梅香會同樣甜美。

我記得，有一次參加聖嚴師父的禪七，當時正值紐約的嚴冬，凌晨四點半就得開始打坐。由於是一天當中的第一支香，有些人還沒有完全醒過來。師父下樓後，看到這樣的景象，雙手插腰斥責我們：「真是太不像話了，門窗全部打開！」當時外頭大概只有十度左右，刺骨寒風長驅直入，撲面而來，每個人活像坐在聖誕老公公的雪橇上。這大概是我最接近「寒徹骨」的一次經驗。門窗一開，大家頓時睡意全消，冷得連發抖都來不及，沒人在乎引磬什麼時候敲，只怕隨時小命不保。師父真是慈悲！說不定哪天我也來試試！

博山禪師繼續說道：

做工夫最要緊是個「切」字，

這裡的「切」，也可以是「誠懇」。

「切」字最有力。不切則懈怠，為懈怠生則放逸縱意，靡所不至。若用心真切，放逸懈怠何由得生？

他在這裡說的是用「心」，而不是用「意識」。

做工夫最怕思惟做詩、做偈、做文賦等。

宋朝的大詩人蘇東坡與佛印禪師兩人是知交，隔一水之遙而居。有一天，蘇東坡寫下一首詩偈：「稽首天中天，毫光照大千；八風吹不動，端坐紫金蓮。」他看著作品好不滿意，落了款之後交待書僮：「送去河對岸給佛印禪師。」

書僮下山後，涉水過河，再一步步上山，來到佛印禪師的寺院。出發前，蘇東坡交待書僮：「只要告訴我他有什麼反應就好。」於是，侍者來到禪師面前，親手將卷軸交給他後，侍者就站在一旁，等著看他有何反應。

佛印禪師打開卷軸，讀了讀裡頭的詩，只在卷軸上寫了幾個字，就讓書僮拿回去給蘇東坡。蘇東坡見到書僮，連忙問佛印禪師有何評論。書僮只得將卷軸交給蘇東坡，當他打開後，只見上頭寫了：「放屁！」蘇東坡氣死了，忍不住罵道：「什麼！未免太過分了！」立刻衝下山、過河、上山，急行軍一般來到寺院門口，要找佛印禪師理論。一進方丈室，他劈頭就問：「這是什麼意思？怎麼可以這樣侮辱人！好歹給我個交代！」

佛印禪師答道：「沒什麼意思啊，不過，你不是說自己『八風吹不動』嗎？怎麼我一個小屁就把你給打過河了呢？」（編案：八風指的是：利、衰、毀、譽、稱、譏、苦、樂，為世間之所愛憎。能煽動人心，故名八風。）所以，各位切記，別太早就寫起詩來了。

不著一絲別念

做工夫不得將心待悟，

做工夫要緊、要正、要綿密、要融豁。……何謂綿密？眉毛與虛空廝結，針箚不入，水洒不濕，不容有毫釐間隙，若有毫釐間隙，則魔境乘隙而入。……何謂融豁？世界闊一丈，則古鏡闊一丈，

古德云：「圓同太虛，無欠無餘。」真到融豁處，則內不見有身心，外不見有世界，始得個入頭。

我們現在連敲禪門這一步都還沒到。

做工夫著不得一絲毫別念，

這裡說的「別念」，是指不應該出現的念頭。例如，現在你在禪堂打坐，卻忽然想起了前幾天晚上那頓美味的晚餐。這就是博山禪師說的「別念」。這個念頭沒有理由出現在禪堂裡，所以，各位要做的就是明照它，讓它過。

做工夫，人多云做不上，即此「做不上」便做去。

我們提過彈琴的譬喻，琴弦太緊，會斷；太鬆，彈不出音樂。必須找到恰到好處的平衡點。

如人不識路便好尋路，

各位覺得呢？如果有人迷路了，找不到回家的方向，難不成就只是坐在人行道上，坐以待斃嗎？

最忌伶俐心

接下來的這句警語非常重要。

做工夫最怕的一個伶俐心，伶俐心為之藥忌，犯著些毫，雖真藥現前，不能救耳。

聖嚴師父跟我們講過這樣一個故事：有位年輕人來到師父面前，對他說：「師父，我只是想告訴您，我開悟了。」師父說：「啊，你開悟了呀？」年輕人說：「沒錯，我開悟了！」師父接著問：「開悟是什麼感覺呀？你是覺得沉沉的？還是很輕盈呢？」連珠砲似地問個不停。年輕人當然還沒開悟，一連串的問題使得他倍感壓力。他必須動腦筋，才知道怎麼回答比較妥當。最後，年輕人被激怒了，十分不悅地對師父說：「師父，您是不是懷疑我沒開悟？為什麼要問我那麼多問題？」師父淡然答道：「也不是啦，只不過，開悟的人不會像你這樣。」

第一次跟師父打七的時候，師父叫我進去小參，也問了我同樣的問題。我覺得要回答那些問題有點煩。當時，我一心只想修行。於是我告訴師父：「師父，您問這些問題來測試我，是不是以為我會裝得自己好像已經開悟一樣，來回答您這些問題。我絲毫無意這麼做。」師父聽了，點點頭說：「很好，回去用功。」我就只想精進用功而已。

我記得，有一次我在樓下碰到果祺法師。那時，果祺法師手裡總拿著一個橡膠板，逢人就打，打完保證通體舒暢，所以有人叫他「蒙古大夫」。果祺法師遠遠看見我，手裡舞著橡膠板，盯著我問：「大家都說你開悟了，你到底是開悟了沒有？」我答道：「這是一個夢問另外一個夢，關於夢的事。」真的就是這樣。我們不需要太過關注開悟或光明這類的概念。

做工夫不怕錯，只怕不知非。

做工夫不可避喧向寂，……黑山下坐、死水浸濟，得什麼邊事？

我的譬喻也不錯。這樣修行的人，就像隻老母雞坐在石頭刻的蛋上，等著它孵化。

《圓覺（經）》云：「以思惟心，測度如來圓覺境界，如將螢火熱須彌山，終不能得。」洞山云：「擬將心意學玄宗，大似西行卻向東。」

最後，他說道：

我得寶方不肯兩個字，

有人知道是哪兩個字嗎？知道的都可以回答。簡單兩個字的指導。我聽到很多人說：「還沒（不肯）！」我總是這麼回答我的學生：「還沒！」最後，學生則會說：

受用不盡。

無邊遨遊的心

開示前，我準備了各式各樣的資料。來到各位面前，說著說著，卻常沒機會提到原本準備好的內容。然而，依據每一個當下呈現的因緣，做最適切的調整，這就是活潑潑的禪七的美。

主七可以開示的內容非常多，時間卻非常有限。關鍵在於，當下各位需要聽什麼，那我就說什麼給各位聽。對我來說，這也挺有趣的。一開始，我以為只要針對宏智正覺禪師開示就行了，那樣做其實很簡單。

不過，用宏智正覺禪師的語錄來開示，也有風險，因為他往往是從心已然明照的角度來描述。而我們就像企鵝，看見老鷹在天上飛，也想跟著展翅高飛。

宏智正覺禪師的詩偈境界優美，我們這些企鵝讀著讀著，不自覺地伸出翅膀，以為也和老鷹一樣，在天空中遨翔了。其實，我們都是這娑婆大海裡的企鵝。然而，在實相中我們能夠翱翔的領域，卻是連老鷹都不敢貿然嘗試的。我們只是需要學習怎麼飛，以及學習在什麼地方翱翔。

實際上，假如你曾看過水裡游的企鵝，會發現，牠們真的會飛。因為，那才是牠們真正的本性。那是牠們如魚得水的地方。不過，一旦上了岸，牠們走起路來可就左搖右晃了，和各位走向蒲團的模樣差不多。腿痛時，你們還可以唉個幾聲，企鵝更可憐，腿就算再痛，也沒辦法替自己按摩。

希望從我的開示中，各位已經能夠體會，觀的時候所用的心，比老鷹能翱翔的範圍更加廣闊。心是無為的、無限的，無邊無際。

宏智正覺禪師談心的詩偈美妙無比，讀起來卻令人彷彿摸不著邊際。然而，在這次禪七裡，各位藉由運用能觀的心，已經逐漸有了入手處。宏智正覺禪師常用的「無心」，其實就是指能觀的心。能觀的心超越造作的心，超越了意識思惟的心。意識思惟的心，轉瞬即逝，如虛如幻，不論再怎麼下工夫琢磨，充其量也不過是夢。然而，我們的本性是這些夢的根源。這些夢的本質是心。我們應該深入觀心，體認一切皆空，因為一切皆是唯心所現，然後便能明白這就是「道」。

我們清楚事情或對象怎麼進入心中，這就是正見。「怎麼進入心中」是指，怎麼出現在意識中。當它們消失時，不過是消失在心當中而已。色相、時間、空間等等，皆唯心變現。只要能夠正確且適當地理解，在蒲團上用功就能得到受用。

心遠遠超過意識

該是介紹《宏智禪師廣錄》的時候了。如果是在禪七第一天聽到，你可能會覺得：「嗯，聽起來是很美，不過還真不知道他到底在說什麼。」

我希望大家開始修心，而不是修意識。開始耕心之前，必須先明白「心」是什麼。心就是一切。心也是幻影。有形、無形的，都是心。無量無數諸佛有體，是因為心，無量無數諸佛無體，也是因為心。心不可思、不可議，也無法概念化。我們只需與心相應。

想用意識去容納心，是不可能的。如果用電腦來做譬喻，意識就像古早的電腦，速度很慢；心則是超級電腦，能夠同時運算所有訊息。

有個關於青蛙的故事是這麼說的：一群青蛙坐在井底，抬頭往上看，只能見到一個圓。那個圓還會變換顏色，有時藍，有時黑，有時則是布滿了小點。青蛙們都想知道，那個圓究竟是什麼。一天，有隻青蛙下定決心，要沿著井壁往上爬，一探究竟。

這隻青蛙奮力往上爬的同時，底下其他青蛙忍不住問：「上面到底是什麼呀？你看見了什麼東西沒有？」青蛙爬到一半，轉頭對底下其他同伴說：「別吵！讓我好好爬！」過了一會兒，青蛙說：「我快爬到頂了。」其他青蛙急問：「你看到什麼了？你看到什麼了？」那隻青蛙好不容易爬到井口，探頭四處張望了一下，答道：「是……」話還沒說完，腦袋就「砰！」地一聲炸開了。可憐的青蛙。

這個故事要傳達的是，心所涵攝的範圍，遠遠超過意識的界限。我們一開始就要有這樣的理解：心無邊無際，人人本自具足。各位當下用的心就是。

可以開始了。

田地虛曠，是從來本所有者。

當在淨治揩磨，去諸妄緣幻習，

自到清白圓明之處，
空空無像，卓卓不倚。
唯廓照本真，遺外境界，

首先提到的是，心無限廣闊。我們明照本具的真實，明瞭我們的本性和佛心並沒有不同。「遺外境界」是指，放下一切因緣和合所生、思惟所生的對象。

所以道：「了了見無一物。」

一切了了分明、清清楚楚。觀的時候，心遍一切處。開示當下，我同時清楚大眾的狀況。有些人在摸腳，有些人上半身動來動去。不論發生什麼，我都覺知得到，就在那裡，一切了了分明。然而，對一切了了分明，並不會影響心的運作。心是遍一切處的。

練習默照時，清楚觀照當下現前的覺知，這就是在覺照心。你不應該往其他任何地方去找，所以才說「了了見無一物」。如果一切都是心，那麼，任何在心裡生起的，也是心。所以說，眾生心即是佛心。諸佛用眾生的煩惱來修行。為什麼呢？因為本自具足的心能看穿一切虛妄，明瞭一切的實相都只是心性。

上了蒲團，開始觀心，可能浮現這樣的念頭：「我看見四周有光在旋繞耶，這下鐵定是明照了！」千萬別這樣。如果出現這種情形，更可能是有人在你身上掛了好幾串聖誕燈飾。這遲早會發生，而且比你想像得還快。

心能見一切

個田地是生滅不到，淵源澄照之底，能發光能出應。

智慧能夠明照一切。讀這些詩偈的時候，我們總四處張望，好奇這光是從哪裡來的。其實，光就來自於心本身。

你晚上會怕黑嗎？我在夜裡醒來時，會試著用記憶中的印象來明照房間。但如果有人在某個地方放了雙溜冰鞋的話，那可就另當別論了。所以，還是慢慢挪動腳步比較好。只要你用智慧去看，儘管房間漆黑一片，光卻依舊在，覺知也依舊在。

「能發光能出應」所指的是，在每一個當下，心都是活活潑潑的，與佛相應。遠離無明、煩惱、欲望，與和諧相應。

歷歷諸塵，枵然無所偶，見聞之妙，超彼聲色，

有趣的是，這段一開始就提出了一個大到難以思議的數量。想像一下，諸佛國土就像是空氣中的塵埃那麼多。

你曾抖過毛巾或毛毯吧？輕輕一抖，空氣中便漂浮著許許多多微小的灰塵。想像一下，這一粒粒灰塵如果都是諸佛國土的話，會有多麼不可思議？那絕對不是你所能容納的。

不過，宏智正覺的描述是正確的。不論是聽聲，或是見形，心接收訊息的能力遠遠超過意識。不妨想像一下，你把一瓶七喜汽水倒進一個透明玻璃杯裡。把七喜

倒進玻璃杯之後，哪怕是從杯子最底部冒上來的氣泡，都能看得一清二楚。這就是能觀的心。

同樣的玻璃杯，如果倒入可口可樂或百事可樂，就只看得見浮在最表面的氣泡。但是，表面之下還有許許多多氣泡。想像一下，如果這些氣泡不是念頭，而是心中一個又一個的世界，那麼，裝著可樂的玻璃杯只看得見現前的這個宇宙，而無法如同裝著七喜的玻璃杯，讓你看見一重、一重、又一重的宇宙。

人類是種好奇心很強的眾生。從海洋裡爬上岸後，頓時覺得自己是世界的主宰。恐龍見人類上岸，還曾苦苦相勸：「回去吧！回去吧！這兒的歡樂是無法持久的！不騙你！」美國派太空船登陸月球的時候，太空人插了一面美國國旗在上頭，猶如宣稱：「這是我們的了！」真是如此嗎？最近，他們拍了一張當初太空人登陸地點的照片。那面美國國旗褪了色，一片慘白，好像美國投降了似的。這就是無常。

懇切、智慧、菩提心

一切處用無痕、鑑無礙，

「一切處」指的是心無所不在。「用無痕」是指，修行圓滿時不會有自我的痕跡，只會為所到之處帶來和諧。心鏡上所見的一切，毫無阻礙，了了分明。禪堂裡每一個人你都看得見，也明白沒有任何一位真實存在。

自然心心法法，相與平出。

這裡的重點在於，心是自自然然的。不論任何時候，心都該是自自然然的。如果總是依循習慣的模式，就會變得像是只有固定反應的機器人。然而，心應該是開闊、自在的。心的解脫便是如此。

古人道：「無心體得無心道，體得無心道也休。」

所以才會說沒有「道」，因為「道」實際上就是清淨心。但是，要怎麼與「道」相應呢？需要地圖嗎？不，只要吸一口氣就可以。

進可寺丞，意清坐默。

這就是菩提心。

游入環中之妙，是須恁麼參究。

我曾提過念佛法門，以及聖嚴師父怎麼用念佛法門。教禪之外，師父也相當重視念佛法門。當代的太虛大師認為，修行念佛法門需要具備三個要件：第一，懇切心。第二，甚深智慧。第三，菩提心。

念佛時，若具備這三個要件，那麼不論做什麼，都會流露出這些特質。這三個要件明明白白地告訴我們如何觀心。這對理解如何修行默照也很有幫助。我們要有精進修行的懇切心，有了解心如何運作的甚深智慧，也有不為自己但為眾生而修行的菩提心。

如何找回平等心？

有人請教我，在蒲團上，他試著用平等心來面對頭痛，但一痛起來就發現完全沒用，一點也無法平等看待。還問我，如果清楚自己還無法達到平等，這也是平等心嗎？

我這樣建議他：「你可以用力搥你的腳，直到腳和頭一樣痛，那就平等了。如果還是沒效，我可以給你一些止痛藥。」

平等看待苦受

具備平等心的時候，我們會覺察到疼痛。腿部或背部疼痛的感覺，和呼吸的感覺、散亂的念頭是一樣的。覺察到這些覺受生起，我們用心來覺照這些覺受。同時，我們也覺察到一些本來不存在的覺受。除了頭痛之外，你還有因頭痛而起的苦受。因頭痛而起的苦受在心中生起，但苦受與頭痛無關。苦受是額外添加上去的。

覺照苦受之後，平等地看待苦受。不用多久，一切就會有所改變。等一下，你可能就會在床上準備就寢，也可能是在吃東西，或是做其他事情。你明白，頭痛是無常的。你了解，頭之所以會痛是有原因的，可能是你比較容易頭痛，或是我讓你頭痛，又或者是蒲團讓你頭痛。不過，蒲團通常不會讓你頭痛，而是會讓你屁股痛。不管怎麼說，以清明的心來看待這一切，明白一切都會過去，就算是頭痛也會過去。這樣看待事物就能明瞭，不過，清楚了解並不代表不會從感官接收到訊息。

唯一的差別在於，我們清清楚楚地接收這些訊息，知道這些訊息為何出現。你之所以頭痛，可能是因為你平時就常頭痛，或者是因為沒喝咖啡，又或者是其他原因，很多原因可能造成你頭痛。並非只要心清明，頭就不會痛。平等心不是這個意思。你知道頭為什麼痛，但要把痛的感覺放下。不論經驗到什麼，都不需要生起苦受。正是因為苦受，才讓你的頭痛那麼難受。如果不將苦受添加上去，頭痛就單純只是頭痛而已。頭痛的原因，可能是你缺了什麼，例如咖啡，又或是因為你昨晚狂歡徹夜未眠——我想這應該不太有機會發生——所以你才頭痛，有些人是每個月某些時間會頭痛。這些都只是因緣。別錯解了平等心。

只要你坐得夠久，痛就會消失。就像彈個響指，「啪」一聲，剎那間消失無蹤。我不知道你的痛什麼時候會消失，午齋前可能有機會，但總之會消失。不信你看。請問各位，曾經打坐到腿非常非常痛，卻在轉眼忽然不痛的人，請舉手。你看，那麼多人都曾經體驗過！要對心有信心，對方法有信心，對自己有信心，痛一定會過去的。拿我來說好了，我也是盤著腿，通常要等到開示完，準備起身的時候才驚覺，糟糕，腿好像動不了了。但事情就是這樣。我會對我的腿說：「堅持下去，講完開示就不會有問題了。」沒問題的，你要有信心，痛一定會過去。以上所說，如假包換，終生保固，如果你這輩子沒成功，下輩子再來找我！

不在雜念泡泡中游泳

關於在動靜不同狀態下，該如何使用方法，有人問：在動中，例如戶外經行時，如果將身體當作所緣境，可以維持對身體的覺知。不過，在蒲團上，有時卻因為念頭過多而感到疲累，有時則因沒有念頭或疼痛而感到無趣。默照這個方法，沒有明確的所緣，不太容易掌握，用數息或其他方法不知是否比較好？

對此，我相當清楚問題所在。上坐後，雜念浮現，你被困在雜念裡。你被雜念團團包圍，彷彿坐在裝滿可樂的玻璃杯裡，上下左右的氣泡全是雜念。這當中有太多的「我」。你執著那些雜念。努力往上游，好不容易浮出水面，探頭喘口氣，馬上又吃了一大口水。妄念實在太多了。這是在鍛鍊意識。下一次，試著退開一些距離，遠離那些雜念。

有位祖師是這麼形容的。猶如把心分成兩部分，一部分觀，另一部分被觀。祖師並不是說心真的有兩部分，只是看起來好像有兩部分。你彷彿居高臨下，遙望著一大池騰滾的雜念。現在的你是在池子裡，然而，心如果能拉開一段距離，就會發現：「哇，原來是『我』被困在一大堆雜念裡。明白了！」妄念會慢慢、慢慢止息，安定下來，那池水會變得平穩無波。方法的原則要掌握好，要用心去觀，別用頭腦想。用頭腦想，才會有那麼多掙脫不開的雜念。不要一直去想自己怎麼好像被困在炙熱的雜念地獄裡，因為，你就是那些雜念。

方法會有效的，只要遠離那些雜念就行了。要用心參究，而不是用意識。這是許多人都有的問題。要對默照方法有信心，大部分禪眾都有我所謂的「備用方法」。用不上默照的時候，可以回去用你的「備用方法」，試著安定下來。不過，不要一開始就用「備用方法」。只有在真的非常需要時才用，然後，再慢慢回到默照上來。否則，久了容易過度依賴，到最後連用默照的念頭都提不起來。

數息是個好方法，然而，就實際的體證來說，不如默照有效。具足正見和耐心，默照就能成就，你一定可以掌握的！

有為與無為

我們積累了許多習氣，因此，在觀心地，也就是圖中間的圓圈（圖二十四）時，會察覺到很多念頭，「我」或是「自我」的概念也都在這裡生起。

不妨想像一下，「有為的心」就像一根香菸。（圖二十五）

這可不是在鼓勵吸菸。香菸點燃了，另外一端裝著濾嘴。抽菸的時候，煙會從點燃的那一頭穿過香菸本身，從濾嘴出來。假設菸草商說的是真的，那麼，香菸當中所有汙染物都會被濾嘴過濾掉。或許只有癌症濾不掉。

總之，這個例子裡的濾嘴，就是「我」或是「自我」。「我」看見那輛紅色的車之後，車便會朝濾嘴慢慢前進，「我」不但想得到它，還會給它一個讚！（圖二十六）

「我」自認為是濾嘴。不過，就像香菸裡的濾嘴一樣，「我」啥也不能做。有些人會讀一些心理勵志書籍，想知道如何讓自己成為一個更好的人。往內心看，總想著要讓自己變得更好。但這是不可能的，因為看到的只是有為的心。「有為」指的是，一切都來自於習慣累積而來的習氣。

有為的心是幻相。如果帶著「我」打坐，其實和一張佛陀在打坐的貼紙差不多。我們並不真實，心中所生起的一切，時時刻刻都在不斷變化。無論如何，永遠

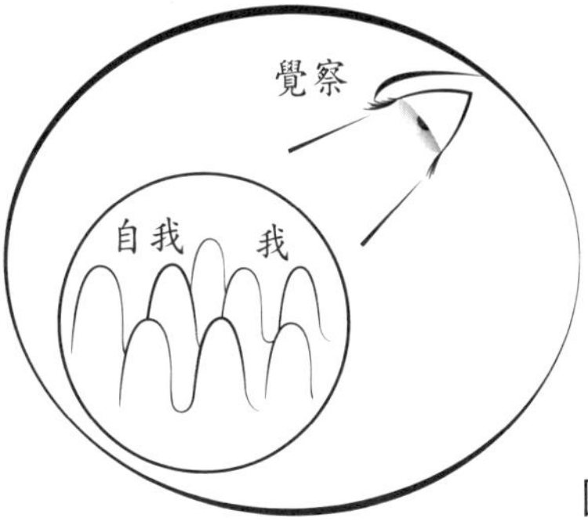

圖二十四

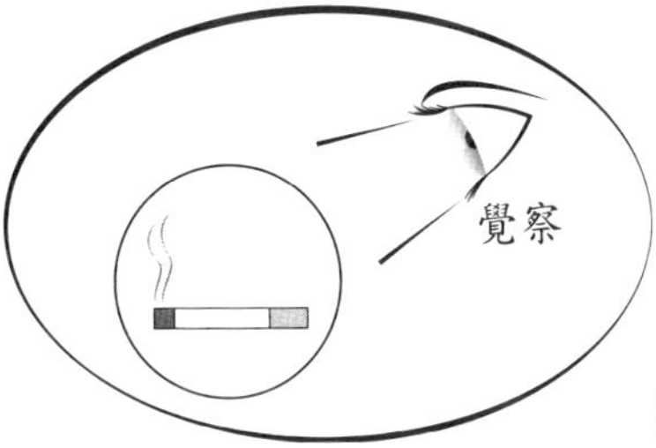

圖二十五

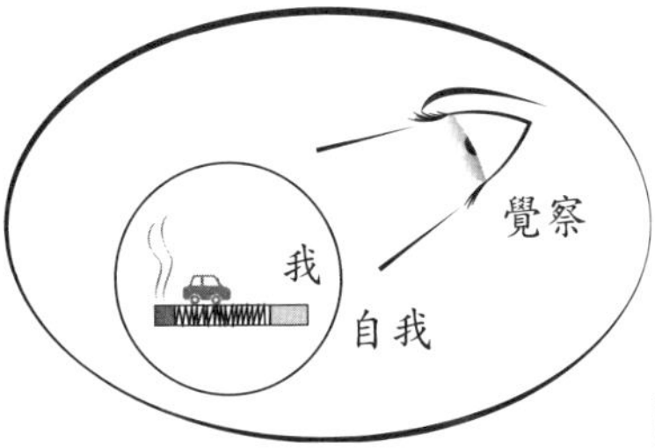

圖二十六

無法透過這些變幻不實的影像明照或開悟。能夠內觀意識的，是無為的心。若說在接觸五蘊之外，還有其他覺察的方式，一般人萬萬難以理解、接受。然而，實際上是有的，我們還可以透過心本具的覺性來覺察。所以，古德才會提醒，心往內觀，看看心中生起了什麼。

這些出現在心中的情況，不易用語言說明，也不易以圖像解釋，對那些嘗試說法的人而言，更是難上加難。然而，我們必須盡一切努力，嘗試了解心中究竟發生了什麼。心清明時，可以覺知到心中有一顆蘋果，在那之前出現的是佛像。

圖中圓內所觀到的，也就是我們所覺知到的，瞬息萬變，無法成為佛心的基礎，因為佛心的本性是不動的。不動的意思是，它是不變的，始終不生不滅。不論你做什麼，都無法改變無為的心的本性。一直以來，心就是如此。

如果我生起這樣的念頭：「我想給他們看個東西」，然後動手畫了顆蘋果。這個例子表示，心不動的本性，具有讓因緣在心中顯現的功能，因此稱為「心鏡」。然而，人往往錯把蘋果當成心。實際上，蘋果出現在心中，轉眼即逝。蘋果去哪裡了？蘋果還是在心中。無為的心依舊在。如果換上一根紅蘿蔔，這時，蘋果到哪裡去了呢？紅蘿蔔之所以出現，是因為心不動的本性讓事物得以在心中顯現。

不給念頭養分

我現在所說明的，是心運作的方式：因果不爽。不論看見什麼生起，一定有它的原由。接下來，各位準備要打坐了，因此，生起的很可能是你在打坐的影像。影響心的，就是心。我們坐在蒲團上，心中生起各種念頭，例如財務上的問題、屋頂需要整修、要帶貓去看獸醫、想起了心上人等等。不論生起什麼，完完全全和因果一致。

然而，我們卻想達到毫無雜念的境界。除非人死了，否則絕對不可能。你無法讓心停止運作，無法不讓念頭生起。更重要的是，並不需要試著把心變成一片空白。正因為這樣的誤解，使用默照時才會產生許多莫須有的壓力。心中生起念頭不是問題，這可以證明你還活著；無法察覺念頭生起，才是真正的問題所在。不給念頭任何一點肥沃的土壤，它就沒有機會滋長。

讓心向內觀，明照所有念頭，這時，念頭彷彿一個個凍結了，因為你不再提供利於它們滋長或再次出現的沃土。不需要把心變成一片空白，因為仍舊需要心來發揮功能。例如，我可以對自己說：「把麥克風舉起來！」需要的功能，還是得在心中運作。心需要這一切，我們才能生活在這個世界上。倘若心中一片空白，我們大概就無法對外反應了。

善令生，惡令斷

默與照之間有著微妙的平衡。需要的，讓它留；不需要的，讓它過。

我在廚房裡種了很多蘭花，也有些其他植物。我將一盆盆蘭花放在很靠近窗戶的地方，常常澆水。其他植物呢，就讓它們自生自滅。對它們而言，我並沒有提供利於生長的環境。但是，我會仔細照顧某些植物，期盼它們枝繁葉茂。要讓什麼樣的東西留在心裡，由你選擇。

這就像三十七道品的四正勤。

第一：已生善令增長。

第二：未生善令生起。還沒生起的善念，要試著生起。例如，可以觀想自己在蒲團上精進，方法用得很純熟。

第三：已生惡令斷滅。

第四：未生惡令不生。

禪修時，念頭是否揮之不去，進而讓煩惱深重、問題重重的「我」有機會一再生起——這是「善」念與「惡」念的區別。惡念會渴望不斷持續下去。

臨濟禪師在《臨濟語錄》中說：「要用便用，不用便休。」大可不必時時刻刻起心動念，老是想個沒完沒了：「我能想些什麼？我能得到什麼？我可以放下什麼？可以討厭誰？又可以喜歡誰？」哇，真夠瞧的！你心知肚明，其實不需要這樣，但是心卻總不受控制。凡事順其自然就好。

有一次我到某個法院出庭，這個法院的走廊很長，大理石地板美輪美奐，踏在上頭還會響起陣陣回音。當時我正和對造律師說話，討論如何達成和解。就在這個時候，「喀！喀！喀！」的腳步聲傳來，抬頭一望，發現有位美麗的女士正從走廊另一端朝我們走來。對造律師也注意到了這位女士，頓時被她婀娜多姿的體態深深吸引，忘了上一秒還在和我說話。「喀！喀！喀！」那位女士踩著高跟鞋，風情萬種，走過我倆面前，那曼妙的姿態，想學也學不來。只見他兩眼發直，從頭到尾緊盯著那位女士，完完全全忘了剛才還在和我說話。他的「自我」顯然對剛走過的那位女士非常感興趣。用這個例子來說明什麼是揮之不去的念頭，非常恰當。

修行時，心清楚明照，知道有這些念頭，但這些念頭和我們無關，讓它們過去就好。誰在那裡並不重要。走來的如果是位警察，他絕對不會有那種反應。要不然，腦袋可能早就挨了一棒。舉這個例子是希望告訴各位，當我們知道有哪些念頭生起時，讓必要的念頭留下就好。

我們不需要加添任何東西在念頭之上。順著習氣加添一堆東西在念頭上的，是心；然而，一旦了解心是這麼運作的，就能截斷這些習氣。

心如實便是當下

禪坐時，不論有什麼樣的覺受，都不要緊。默照中，念念在當下，心愈來愈敏銳。就算聽見鳥叫，叫聲中每個高、低、抑、揚、頓、挫，也都聽得一清二楚，不會只是含含糊糊的「啾」一聲。心非常非常清明，對下一個聲音沒有任何期待。當下是什麼，就只是什麼，別無其他。沒有渴望，也沒有追尋。

打坐時，不論生起什麼，都該感到高興。別像有的人到齋堂用齋的時候，一看沒薯條，就不想吃了。不論生起什麼，都是當下的因緣。請歡喜接受好嗎？

打坐時，每個當下都要清清楚楚。不需把心變成一片空白，什麼念頭都沒有。剛開始，念頭當然會很多。慢慢地，念頭會退到意識的周圍。就是這樣。不需要刻意排除這些念頭，也不需要因為沒辦法讓念頭不出現而生氣。只要如實觀照，念頭會自己離開。

「如實」非常重要，一切如實生起，心亦如實。生起的若與當下相應，便是如實。不要造作。不要憑空想像。要清清楚楚看見心如何運作，如此一來，方法才會有效。如果一直覺得很挫敗，方法是不會有用的。

聖嚴師父曾經說過這樣一個故事：有位農夫很擔心他的稻子長不好，於是用手把一株株小苗往上拉，一排拉過一排，巴望它們快點長高。每一天，他都往上拉一點點，沒想到，幾天後，所有稻苗都倒了。其實，只要讓因緣如實呈現就好。

因此，別再問我：「怎麼樣才能沒有妄念？」請以最精進的心來用功。

默與照的平衡

智慧是默與照之間的平衡。如果失去平衡，偏向了某一邊，該如何重新回到平衡呢？

默照中的平衡，一側是定，另一側是照，也可以說是「止」和「觀」。禪宗則希望能達到「三摩地」，不過，三摩地當中必須包含「照」。正如先前提過的，禪修的目的並非要將心變成一片空白，空空如也。這裡的「定」，是指投入注意力來觀察心。觀察心的時候，如同有個圓，圓當中出現的是意識。事實上，如果專注於當下覺知到的境，會像這樣：每一個人都會在覺知的範圍內，所有出現在意識中的法塵也包括在內。你可以覺察到，有一群人坐在這兒，當中有些人在動。對我來說，有點冷，有些暗。我站在這裡，什麼也沒做，還要這樣持續多久？以上這些全都是出現在當下的法塵。

透過這樣的方式來保持覺知。這裡沒有太多事需要分心，所以不需要投入很多注意力，但是至少要能保持清醒不打瞌睡。很多人的問題在於，沒有足夠的定來達到平衡，因而無法明照一切。過不了多久，原本的覺知可能就被瞌睡蟲給取代了。

恰到好處的平衡

定不足，於是開始昏沉。因此，必須持續地觀。問題在於，我們不習慣觀心，觀心時並不需要將念頭提取出來。使用意識的時候，我們持續不斷地將念頭提取出來。然而，大多數情況下，不論提取出來的是什麼，往往和當下無關。比方說，紅色的車又來了，它明明不在禪堂這個環境裡，我們卻覺察到它出現在心中。我們並不習慣純粹覺察事物原本的樣貌，而不去評價。這個顏色我喜歡，那個顏色我不喜歡；這個人我喜歡，那個人我不喜歡；這個我不要，那個我也不要——我們總是這樣不斷地比較。覺察事物時，就該讓它們以本來面目呈現。事物就在那裡，我們只是明照整片心地，清楚覺知心地當中的種種，一切平等，無有高下。

照得太過，各式各樣覺受鋪天蓋地襲來，天平就會傾斜。覺受太多，定又不足，天平就無法保持平衡。另一方面，如果定得太過，彷彿要趕走所有念頭，將心封鎖起來，則會幾乎什麼都無法照見，天平也會失衡。該嘗試在定與照之間達成恰到好處的平衡，讓生起的一切彼此平等。

例如，我們現在看著這面白板，是如如智、照、心能知的部分在看。如如智不是心的全體，而是心能知的部分。如如智看見白板，但如如智不在意識中，而是彷彿隔著一段距離，望向意識。如如智是心的覺性。定與照達成平衡，智慧隨之現前，因而能夠清楚了知這一切是如何運作的，明瞭念頭為何出現在心中。

嘗試達到平衡的過程中，需要運用微妙的智慧，將自我的概念挖掘出來。必須持續不斷地觀，投入更多注意力，才能在自我生起時立刻發現。更何況，就算被發現了，自我也不會說：「好，我認輸。既然被你逮個正著，就把我關起來吧。」自我可沒那麼容易束手就擒。

定也要非常細膩，有時多一些，有時少一些，不多不少，才能讓自我逐漸浮現。自我最後的絕招是：躲在心性所覺察到的一切事物中。這時，你幾乎達到了完美的平衡，幾乎能夠明照一切。你已能覺知身邊所有事物。一切是那麼地清楚。在定中的你不禁疑惑：「自我到哪去了？」

自我一邊躲，一邊告訴你：「早就不見囉！」

雖是這麼說，但這時自我依然在和你玩把戲，彷彿整個身體成大字形緊貼著牆，不想被你發現。

你疑惑地問：「不見了？你看到他了嗎？」

隱藏的自我會騙你：「沒有，他消失了。」

其實，自我包覆在覺知到的所有事物上，「小我被大我取代」指的就是這種情況。這時自我就像一層透明塑膠膜，包覆在所有東西上頭，你才發現不了。我年輕的時候，看過有些人為了保護家具，會用塑膠膜把它們包起來，挺聰明的。除非湊上去看，否則很難看見上頭包著一層塑膠膜。不過，只要一坐上去，就會發現不一樣。因為，天氣一熱，你的屁股就會黏在上面。在統一心的狀態下，自我黏附在所有事物上頭。你望著四周的家具，心想：「真不錯，都沒變舊。不過，怎麼好像到處都有種黏膩的感覺？」

如果能夠識破自我，你就會說：「不，我明明看得見你。你黏在所有東西上頭。」

之所以提這些，是要讓各位了解使用默照這個方法的歷程。如果能達到統一心，還是滿不錯的。而且，有些禪眾其實已經達到統一心了。不過，我們必須超越統一心，因為統一心仍舊屬於意識。這時候，自我還會做另一件事：宣稱自己已經開悟了。心持續觀照：「我消失了嗎？」自我仍一邊偽裝，一邊狡猾地與你對話：「對呀，你消失了。你鐵定是開悟了！」

「才沒有咧。是誰在說話？」

「可不是我。」

「不過，你怎麼知道我開悟了？」

「欸，你開悟過嗎？」

「沒有。」

「所以才說你已經開悟了呀。」

重點在於，必須突破統一心。唯一能夠奏效的方法是，再多一些定，深入去觀，清清楚楚看見那究竟是什麼。多一些定來觀察心，多一些覺知，就會有新發現，識破狡猾的自我：「我看見了，你其實躲在每樣東西後面。」

「不，才不是呢。」

「是，你就是。我可看得一清二楚。」

被識破之後，自我會漸漸離開，但心還在。自我甚至會暫時消失，過一陣子之後又再出現，差別在於，所觀照的一切都會呈現出它們的本來面目。打坐的時候，就只是專注地坐。然而，心卻依然活活潑潑地在運作。

定或照若不足夠，不是昏沉，便是掉舉，要在兩者間達到平衡，不需要將一切排除，只需要清楚覺照就可以。有趣的是，這時所用的覺知既是能觀的眼睛，也是所觀的境，這就是心向內觀。向內觀心，並不代表實際上有兩個心，一個在觀，一個被觀。千萬別誤會了，一切都是一。這當中並沒有二元對立，只是心在觀心。如夢的世界仍然可見，唯一的差別在於，心不再受限於個體、自我、人等概念，而是如實觀照事物的本來面目。我試著協助各位了解這個方法如何運用。默照是無法之法，除了以心來明照心之外，無法透過其他方式引導。

觀破虛妄的自我

在統一心，也就是大我的層次，請仔細觀察，才能有所突破。但也有人疑惑，他覺得一切彷彿都很愉悅舒適。到底要仔細觀察什麼？

其實，虛妄的自我會試圖建立「我存在」、「這個獨立的生命體存在」的幻相。自我在意識中生起，耍弄把戲，讓我們誤以為它真實存在。我們將心向內觀，開始仔細觀察意識。自我並非時時刻刻都在。不過呢，如果這時想起了甜甜圈，那可就不同了。讓我來告訴你，虛幻的自我是什麼。喜歡甜甜圈的請舉手。哇，這下可糟了！上次我來的時候，喜歡的人還沒那麼多呢。哈囉！剛才冒出來的就是自我。上一秒，自我並不在，但只要一聽到「甜甜圈」，自我就冒出來了。

如果我問大家：「有人要去參加甜甜圈路跑嗎？」

應該有人會馬上舉手：「我要！最近我在控制飲食，只能吃白飯和蔬菜，只要聽到脂肪、炸物，口水就止不住！」

這完全不合理，不是嗎？不過，我們可愛死了！說到這就夠了。以上是第一個例子，自我就在那兒。

但是如果我問：「誰自願去洗馬桶？」

自我馬上跳出來說：「沒我的事！」

咻！一眨眼，自我馬上逃得無影無蹤。開始觀察心之後，我們逐漸察覺到，有許多念頭生起，有許多執著，察覺到自我總是盤桓在這些東西四周。有時候，我們察覺到心中的自我不斷重複：「我要，我要，我要……。」「我想買車，我想買皮包，我想要這個，我想要那個……。」不過，這樣的自我並不是真實的，它只不過是種習氣，是種貪。

我們能輕易察覺自我生起，一有動靜立刻發現。所以，如果發現甜甜圈被咬了一口，就不難知道自我曾經出現過。我們開始能夠察覺，自我剛才出現過，現在已經消失了。這整個過程中，透過向內觀察，可以發現某種東西逐漸浮現。浮現的不是某種具有生命的存在，而只是種執著，或想要執著的習氣。心不執著，並不代表從此就不吃甜甜圈了。吃也可以，不吃也可以，但不會一直有想吃的渴望。我們察覺到心的運作，察覺到如幻的自我，也逐漸察覺到這整個世界都建立在十二因緣中的「愛」和「取」之上。察覺這一切的，就是心本身。

有人問：「以心觀心的『觀』，是不是指用中觀的方法來觀？就只是觀，而不給予任何評價。」

其實，我所說的觀，與中觀所說的觀，並沒有不同。觀就只是向內觀察心，清清楚楚察覺到念頭自然生起。察覺到念頭時，我們明白，不論察覺到的是什麼，都是幻相，《金剛經》就是這麼教導我們的。我們在心中察覺到這些念頭，然而，這些幻相轉瞬即逝，變化萬千，心是沒有辦法透過它們來了知的。

觀可以幫助心遠離這些念頭，我們依舊會察覺到念頭清清楚楚生起，然而，這些念頭不具有任何持續的真實性。從中觀學派的角度看待世間萬物，有真諦、俗諦，真、假之別。我們所察覺到的也是一樣，一切雖如夢，依然只能在心中出現。

心中的灰塵去哪裡了？

有人疑惑，我們心中的灰塵，最後究竟到哪去了？

其實哪也沒去，就在我們的「心地」。灰塵不可能被吹出心外。若說心像一個盤子，上頭有粒灰塵，輕輕一吹，灰塵會被吹跑，但不可能從有到無就此消失。世俗諦也是如此。放眼望去，我們將所見的一切視為心地，許多佛齊聚一堂。另外一方面，我們也明白，所有人的色身都是短暫又無常的。不相信的話，我們可以在這裡待上個一百年，看看到時誰還能夠爭論。

不過，你們每一位的心都是從來不生的。這提供我們一個去觀、去向內參究的著力點，看清楚不動的是什麼，來來去去的又是什麼。灰塵是心的一部分，但它是短暫的，來來去去。如同盤子的心，卻始終都在。雖然灰塵的本質是夢，夢卻是心造的。對我而言，如果要把盤子上的灰塵吹走，就必須要清楚灰塵究竟去了哪裡。灰塵只是暫時在心中出現，不會落到心外。眼根與色塵相接時，仔細去觀，便能明白一切都是心。話說回來，如果這時旁邊出現一盒甜甜圈的話，可就全部都是我的了。我就是心！那還用說！

心如明鏡

我曾建議，可以用禪堂當作參照點，有人對此感到疑惑，該用視覺實際看到的禪堂，還是印象中的禪堂來當作參照點？

其實都可以。你可以睜開眼睛，實際看見這個參照點。即使睜著眼睛，你的覺知涵蓋的範圍依然超過你的視線所及的範圍。你會覺知到身後的狀況、義工區，甚至包括一旁的院子等。不論是否睜開眼睛，參照點涵蓋的範圍會一點一點地逐漸擴大。

也有人問，睜開眼睛，實際看到禪堂中的環境，比較容易拿來當作參照點，妄念出現，很快就能發現它與禪堂無關。不過，一旦閉上眼睛，參照點很容易就被妄念取代。該怎麼辦？

打坐時，不論看見的是什麼，如果用它當作參照點，而且範圍就只有那麼大的話，那麼，你能夠覺知的範圍就是只有這麼大，另外頂多再加上聽覺所及範圍。我的建議是：沒關係，自然就好。有些人閉起眼睛之後，覺知的範圍能夠涵蓋整個禪堂。當然，對這樣的人來說，一些不屬於禪堂的訊息，也比較有可能進入他們相續的心念中。然而，由本具的覺性而起的覺知與智慧，讓我們能夠了知，這個訊息，虛妄不實。

我曾說，心就像鏡子能夠反映一切。而當兩面鏡子相對的時候，就能看見無限。於是有人好奇：「在什麼情況下，無限會顯現？」

其實我的意思，並不是指無限會顯現。無限指的是心。這個比喻只是用兩面鏡子來形容心的廣闊。

聖嚴師父曾經指出，修行的階段包括集中心、統一心，最後是無心。我則告訴各位，不一定每一個人都會依序經歷這些階段。那麼，如果擁有空性的正見，是不是就能越過某些階段，直接證入無心呢？

擁有對空性的正見，其實只是概念上的空。空的概念雖然仍是正見，但並不究竟，只能提醒你該留意什麼。實證空性是實際應用方法，實際應用正見，也就是實證正見。實證空性是實際體驗空性，而不僅僅只是對空性的概念，剛開始修行的人也有機會體驗。事實上，在過去這個星期當中，很多才剛接觸禪修的禪眾，已經超越了其他老參。這是因為修行時，他們心中沒有阻礙，沒有概念拖累，不需要依序經過這些階段，而能直接契入。只要不斷放下，的確可以在彈指之間，從空的概念直接契入空的體驗，而不需要依序經歷那些階段。能夠了解嗎？我剛才說的，其實出自聖嚴師父的著作《無法之法》。

只管回到方法

有人告訴我，打坐時，有時他會進入一種幾乎沒有任何雜念的狀態。禪堂依然是參照點，人聲、鳥聲等，也還是聽得見。他感到疑惑，這種時候，他仍是在觀嗎？在這種狀態下，既沒有念頭，四周也沒什麼事情發生，只是偶爾聽見其他人動作的聲音，或是來自外頭的聲音，挺無聊的。所以，他會觀想佛像當作另外一個參照點。他無法確定自己在做什麼。

我這麼答覆他：「我也不知道你到底在做什麼，不過，那不是禪。」師父曾舉過這個例子：用藥石的時候，有人會盯著他看。我們用藥石的桌子是長條形的，那些人滿臉好奇盯著他看，一直看、一直看。後來，師父忽然開口：「為什麼一直看我？好好吃你的飯。我可不是來這裡娛樂你們的！我可不是小丑！」

你必須以至誠懇切的心來修行。如果你懇切修行，就會知道自己為什麼在這裡。是你自己想來禪修，才會坐在這裡。禪堂沒有馬戲團可以娛樂你。打坐時的關鍵在於，必須以一顆至誠心來坐。聽開示時如果感到無聊，就表示方法用得不對。實際上，有許多事正在發生。默照不是一片死寂，而是清楚明照，否則大可稱之為「默死」。

默照是活活潑潑、充滿活力的。你必須透過藝術展現這種活潑，才能把心安定下來、集中、深入參究。這樣觀照，不會死氣沉沉。雖然不用頭腦想，卻仍有向內觀心、自我消融的過程。實際體證到的心，會將世界如夢似幻的一面顯現出來。如果真要說，各位就像是在買彩券，人人都有相同中獎機會。不論誰中獎，坐在隔壁的人還是有機會。

《金剛經》中，佛問須菩提，如果有人以恆河沙數七寶布施，這個人得福多不多？須菩提答，得福多。佛接著說，但他所得福德卻比不上為人說四句偈來得多。你們坐在蒲團上可以發掘的寶藏，遠遠超過佛在這段經文中描述的無量珍寶。這樣應該就會有足夠的動力修行，而不覺得無聊了吧。

然而，前面提問的人進一步向我解釋：「可能是我用字不恰當。我所說的無聊是指，我想在禪堂裡尋找，看看是不是能發現什麼，但我找不到。心裡也沒有雜念。究竟該怎麼做，才能實際發現些什麼？會在意識裡發現嗎？還是……我用佛像當作另外一個參照點。我在尋找方法，為了能夠參加禪七，聆聽開示，早在三個月前我就開始準備了。」

我了解他所要表達的，我告訴他，他依然是在意識裡尋找。《金剛經》指向心，我說的也指向心。不要期待有什麼體驗，不要尋找那些在六根門頭炫惑你的東西，要實際去體證心，實際體證到的心是不可思、不可議的。我真的非常希望，不久的將來，心能顯現，那時他就會明白心的寶藏遠遠超出思議的界限。放下種種起心動念，重新拾起方法。就只要不斷重新拾起方法就可以了，別覺得：「嗯，快中午了。中午我應該就能開悟了！」別那麼做。只要方法正確，修行是功不唐捐的。不斷用方法，最終一定會有受用，一定能發掘到寶藏。千萬別放棄，不要只是體驗到一些不重要的幻相就心滿意足。等你出了禪堂，向別人提起這些經驗，他們很可能會告訴你：「哇！你一定是開悟了！」你一聽，也會自以為開悟。但這就像我一直以來所說的一樣：「還沒！」不過，你是有機會的。你可以直接契入，不需要依序經過那些階段，但也無法透過期待六根門頭上的某些經驗來契入。你只管認真打坐，如果坐了七年還沒開悟，那就再坐七年。

有人問，打坐時，他感覺先前包覆在一切事物上的自我顯露，接著開始消融。然後，某種非常強烈的感覺跟著浮現，強烈到甚至連身體也感受得到，以至於讓他完全不敢繼續用方法。他想要知道，這是不是也走錯了路，依舊是在六根門頭上下工夫？

其實，那是因為方法用得好，才有這種體驗。方法真正得力的時候，考驗會愈來愈大，也可能出現非常強烈的反應，把你嚇跑。這時，自我出現，可能包覆在統一心之上，也可能像個小妖怪，疵牙咧嘴跳出來嚇你。你被嚇壞了，心想：「不要，不要，我不敢繼續用功了。老師說，要縱身跳進虛空，現在我可不想跳。」

你的自我比那還可怕，智慧、方法則能夠保護你。這是很自然的現象，自我為了固守它虛妄的存在，什麼手段都使得出來。自我可能會冒出來嚇你，讓你猶豫：「等等，我也不是真想那麼精進呀！」不過，這不要緊。同樣的手段，自我可能會再使一次。回到方法，別理會它。只要回到方法就可以了，這代表你已經用上方法了。

什麼是當下？

我想再次仔細說明默照這個方法，以增進大家的了解。保持對周遭環境的覺知，是要讓我們有個參照點，知道自己此時身在何處，當下有哪些事情正在發生。不論眼睛睜開或閉上，都該清楚自己身在何處。有些人能夠覺知整個禪堂，這樣很好。有些人只能覺知身前的範圍，這也很好。不論覺知的範圍是大是小，只是要有一個參照點，幫助我們安住當下。儘管所謂的當下仍是虛妄相，我們還是能夠藉由安住當下，收攝心念。與當下環境不符的念頭生起時，能將它視為妄念。這樣的念頭不該出現，一旦出現，就會占據我們的注意力。

上坐後，往前看，你會看見幾個人坐在前面，還有他們的後腦杓。如果你看見的是整個禪堂，那也很好。這樣一來就會有很多人，也會看見四周的牆。你以這為基準，明白這是當下實際的情況。

開始用方法之後，種種影像、覺受生起，原本的景象逐漸模糊。一開始，虛妄的心、虛妄的自我會頑強抵抗，向你喊話：「哎唷，這些東西不需要看啦！」接下來，會發生什麼事呢？

突然間，紅色的車出現在心中。不過，當下實際的情況到哪去了呢？不見了！你突然對這個「相」很感興趣，它可能以各種形式出現，占據你所有的注意力，你必須利用記憶，還原本來的景象。

慢慢地，景象再次受到種種覺受侵擾，你不再安住當下，想起其他事。或許是想起了某段戀情，或許是想起了甜甜圈，又或許是想起了某段與甜甜圈的戀情。什麼都有可能，也都會削弱你對當下的覺照。使用默照時，就只要深觀當下，讓心安住。各位在蒲團上的情形似乎也是如此，念頭來來去去，想著甜甜圈的時間比安住當下的時間更多。

覺照當下心

有位禪眾很有趣，他的方法原本用得不錯，當下的一切各安其位，心很安定，卻忽然閃過一個念頭：「好無聊喔！」對當下的覺照也隨之消失。想像一下你正在攀登聖母峰，費盡千辛萬苦，總算登頂，氣都還沒喘過來，怎會突然覺得：「好無聊喔！」這豈不值得玩味？

即使到了一切好不容易安定下來，方法正得力時，自我依舊不甘示弱：「哼，這哪有什麼？真無聊！」各位有辦法想像嗎？聽到那位禪眾這麼說，我簡直啞口無言，欲哭無淚。你好不容易才用上方法，自我竟然說：「哼，也不過就這樣而已嘛！」真是大言不慚。這也是為什麼我們要更加精進的緣故。不過，你得知道自己在做什麼。你在做的就只是持續覺照，明白散亂心、虛妄心並不屬於當下。

有些人坐著坐著，會忽然驚覺一道金光灑在身上。「哇，真是太殊勝了！」這時，禪堂到哪去了？相信我，在你乘著金光進入佛國淨土之前，八成會先被外星人給綁走。上坐後，雖然有時覺得無聊，但必須知道方法是如何運作的。就只是專注地坐，清清楚楚。如果紅色的車想出現，就告訴自己：「不！那和當下沒有關係。」想到甜甜圈時，提醒自己：「不，這和現在沒有關係。」有時也會浮現：我好喜歡這個、我好喜歡你、我好喜歡……或我討厭……等幽微的感覺，有時則是會有些情緒。這些都會影響當下的景象。

不一會兒，外頭傳來啾啾鳥鳴，你可能心想：「啊，小鳥的叫聲真好聽。我好想聽喔，再多叫幾聲吧！」

有些禪眾能夠繼續安住在方法上，聽見聲音時，每一個細節都非常清楚，彷彿是在播放一段高音質鳥叫聲錄音，很不錯。不追未來，不憶過去，你就在當下，在禪堂裡打坐。你可以清楚聽見鳥叫聲。不過，如果對鳥叫聲起了執著，就沒辦法聽得那麼清楚，伴著啾啾啾的鳥叫聲，你的自我也隨之出現。「嗯，我好喜歡這個聲音喔。」這麼一來，是自我在聽，聲音將不再清晰。但是，如果你在方法上，會是心在聽，每一個細節都非常清晰。自我就像濾嘴，讓我們無法完全將聲音聽清楚。

別找文殊菩薩聊天

修行是在當下，一切了了分明。如果有某樣東西不屬於當下，心的覺照會發現，明照後，便會消失。不過，當下不會消失，因為當下就在這裡，時時刻刻都在。這樣的修行很好，清清楚楚。不需另外添加任何東西。

但是，自我會想介入，將你帶離方法。自我幻化出各式各樣的把戲來干擾你，如果第一樣沒辦法吸引你，就再變另一樣來引誘你。在嘉年華之類的節慶當中，到了晚上，常可以看見一些能變化出炫目光彩的玩具，小朋友們特別喜歡。你看得心動，忍不住也掏出五十塊，買了一個。隔天正要拿來玩，卻發現電池沒電了，只剩一堆不值錢的塑膠。你不禁懊悔：「真是爛貨，害我白花了五十塊。」我們並不以此為滿足。我們希望能有些體驗。你甚至會聽見有個聲音對你說：「幹得好！」你頓時心花怒放，心想：「哇，是佛陀在對我說話！是佛陀耶！」聲音對你說：「繼續用功，你表現得很好！」

這時，你的方法到哪裡去了？你的方法不見了，佛陀卻還在。很可能，那只是某些鬼道眾生假扮成佛陀的模樣來唬弄你而已。

從前，一座寺院裡，一群年輕和尚正在打坐。老和尚坐在堂上，跟前是三位年紀特別輕的小和尚。天氣暖和，每位和尚都挺直了背脊，依照師父的教導在用功。上了年紀的老和尚，坐著坐著，竟呼嚕嚕地打起了瞌睡。這時，前排其中一位小和尚壓低聲音，悄悄對旁邊其他兩個小和尚說：「嘿，你們看！你們看！」
「看什麼啦？」
「看師父啊。」
「師父怎麼了？」
「師父睡著了。」
說著說著，三個小和尚都伸長脖子瞪大了眼，直盯著眼前的師父猛看。這時，老和尚突然睜開眼，猛盯著他們，嚇得三個小和尚動也不敢動。
「你們在搞什麼鬼？」老和尚厲聲斥喝。
「師父，您剛才睡著了。」小和尚們欲言又止。
「我沒睡著。」
「真的，您真的已經睡著了。」
其中一位小和尚問：「師父，如果剛才您沒睡著的話，那是在做什麼呢？」
老和尚答道：「我剛才在和文殊菩薩聊天。」
「哇！」小和尚聽了滿臉欽羨。

「趕快回去打坐！」

午齋過後，天氣依舊暖和，換成是小和尚們開始東搖西擺、昏昏欲睡。老和尚走來，香板「啪」地打在其中一個小和尚肩上。

「您為什麼打我，師父？」小和尚問。

「誰叫你打瞌睡！」

「師父，我哪有打瞌睡！」小和尚答道。

「沒有？那你剛才在做什麼？」

「我也在跟文殊菩薩聊天哪。」

「如果你是在跟文殊菩薩聊天的話，那他和你說了什麼？」

小和尚立刻答道：「他說他不認識您啊，師父！」

所以說，千萬別隨便和文殊菩薩聊天，了解嗎？

回到方法，安住當下

禪修要不斷回到方法。不要想見到什麼，那只是自我在耍弄你而已。你用功了那麼久，心好不容易才安定下來。你可能看見甜甜圈、看見車、看見狗。不論看見什麼，都不需要去排除它。一切自然在心中生起，只需要清楚覺照就可以。清楚覺照時，狗、甜甜圈和車子都會自然消失。然而，當下的環境不會消失。環境就在這兒，不會消失。除非你睡著了，或是在做夢。

你不需要試著去排除那些念頭，不需要做任何事，只要安住當下就好。當下有什麼呢？現在，我們所有人都同處這個當下，或許因為位置不同，所見略有差異。不過，大家都知道我們現在在禪堂裡，不會忽然有粉紅色的長頸鹿冒出來。如果真有，那肯定是幻相。有時候，心所見會有所不同，至於那究竟是什麼，不該妄加揣想。

我發現，很多禪眾試圖讓心變成一片空白。千萬別這麼做。你不需要把心變得空空如也，而是應該讓心清明，如此一來，起坐後，你依然可以在禪中行走，景物看得一清二楚，也明白周遭有什麼事正在發生。如果你試圖讓心變成一片空白的話，走著走著，很可能會撞上東西。這樣是行不通的。你要看得清清楚楚，是什麼就是什麼。

修行時，要向內觀心。我們要具備正見，而正見指的就是心運作的方式。我們知道心是如何運作的，這有助於在修行時不至於墮入錯謬的概念中。

煩惱怎麼來？

修行過程中，我們明白，心會受到許多不同煩惱染汙。

胎記般的四種住地煩惱

如來藏系經典中，有一部《勝鬘師子吼一乘大方便方廣經》，簡稱《勝鬘師子吼經》，經義猶如獅子吼，宣說時，諸佛國土也會隨之震動，摧破一切無明。經中提到，有一類煩惱叫作「住地煩惱」，這類煩惱是不動的。住地煩惱中，其中一種叫「見一處住地」，意指因為心中的自我，造成對事物錯誤的見解。在心中，是心在觀心，沒有任何觀點。

另一種住地煩惱是「欲愛住地」。大家都知道這指的是什麼。我們總希望有什麼東西浮現在心中，渴望甜甜圈、渴望車子，或渴望其他任何東西。心中會有欲望浮現。欲愛住地在心中非常深的地方，我們無法控制自己。

接下來是「色愛住地」。因為色愛住地的緣故，我們總喜歡看見什麼。我們喜歡看見鏡子裡自己的形象。我們喜歡看見人、看見山、看見狗、看見雲等。我們對於色相很有興趣。

下一個是「有愛住地」。這是因為貪愛自己的身體所起的煩惱。

這些就是所謂的四種住地煩惱。「住地」表示這些煩惱從來不動。它們始終跟隨著你，就像你身上的胎記，不曾消失。這些煩惱染汙我們的心。心不想要這些煩惱，但煩惱會自行生起。接下來，「起煩惱」依四種住地煩惱而生。

紅色的車子就是起煩惱的好例子。紅色的車子之所以浮現，是因為我們對色相、欲望、見有興趣。我幾乎可以想見自己開著那輛車有多拉風。

四種住地煩惱很難說明，但我正試著用容易理解的方式對各位解釋。起煩惱也可以透過甜甜圈顯現，愛吃甜甜圈表示我們有欲愛、見、色愛、有愛等煩惱。所有浮現的東西，所有那些令我們困擾的小事，都是表面的煩惱，顯現在意識中。四種住地煩惱則非常深，是所謂的根本無明。「根本」是指它埋藏得非常非常深。

我們可以找個很重視頭髮的人，剃光他的頭髮，或許他還可能放下對頭髮的執著。其他各種面向也可以如法炮製。不過，要根除他的根本無明，則非常不容易。我們是無明的，所以將見、欲愛、色愛、有愛等信以為真。然而，這四種煩惱中，沒有任何一種是真實的。從這四種根本煩惱變現出許許多多的起煩惱，成千上萬，難以計數。在蒲團上用功觀心，可以讓車子、甜甜圈和許多東西消失，卻無法讓這四種根本煩惱消失。這便是執著於有我相、人相、眾生相、壽者相的無明。

以無我來觀

這些與默照禪法有什麼關係呢？觀心地時，如果生起「我在觀心地」這樣的念頭，根本而言，是不正確的。這仍舊是用自我在觀，仍舊是無明。用這種方式觀心，無法脫離四種住地煩惱，無法突破自我的纏縛。

上坐後，要好好用方法，心向內去觀心地。沒有「你」在觀，是心在觀心。自然而然，心與心彼此消融，心中所現及種種起煩惱，頓時顯得虛妄不實。更重要的是，也能明白種種住地煩惱其實與心無二無別。此時，根本無明破除，無明不復存在，見到心的本來面目。因此，務必用功深觀當下，不如此用功，將無法突破住地煩惱。

我深信，你會願意依循這個方式精進用功，我也非常歡喜能與你分享，這些法義真的能夠解除我們的苦，事實上，以上所說就是最深刻的聖義諦了。我真的非常希望將真正的法傳給你。真正的法不在語言文字，必須用心去觀。

第四篇

發願精進

修行是為一切眾生

集體小參時，有一組禪眾提到了一些有趣的狀況，他們每一位都在快要能夠完全用上方法時，突然遇到一些問題。例如，會感到氣動，其他組禪眾也有同樣狀況。每每在快要能用上方法的時候，就開始氣動，完全無法控制。

我說：「那你動給我看！」

禪修出現的障礙

這種情況平時不會有，只有在他們眼看就要能用上方法時才會出現。我說：「如果你真有氣動的問題，那應該隨時隨地都會氣動才對啊！」如果是開車的時候氣動，最好趕快叫警察把你攔下來。

以上這些玩笑話，只是要讓你明白，很多類似的問題，都只會在快要能夠掌握方法的時候出現，甚至可能聽見有聲音對你說話，說一些根本聽不懂的話，嚇得你魂不守舍。其實，你唯一應該留意的是這個聲音：「還沒！」因為它才是真正警醒你回到初心的聲音，是老師的聲音。

各種稀奇古怪的事都會發生在我們的六根門頭上，即使非常懇切地在用功，也是一樣。自我狡猾得很，會透過各種不同方式來耍人。剛才所說的玩笑，不是要挖苦。只有在快要能用上方法時，才會開始氣動，這怎麼說得通呢？可是，卻真有其事，我有位學生就是這樣，聽開示的時候一切正常，只要一上坐就開始咳嗽，而且每次坐上蒲團就感冒，全世界沒人像他感冒那麼久還好不了。

打七的時候，他雖然沒咳嗽，卻開始流鼻血。聆聽聖嚴師父開示時都沒事，但只要一坐上蒲團，他就開始流鼻血，渾身上下血跡斑斑，嚇得義工目瞪口呆，連忙送他去急診。到了急診室，鼻血就停了。義工只好再把他送回禪堂。結果如何呢，各位應該很清楚。當時師父鐵定很頭痛！

這真的很奇怪，有時得靠多禮佛來消除障礙。怎會每每到了快要能用上方法時就有狀況，實在很不尋常，匪夷所思。現在我想分享，當時我對那組禪眾所說的開示。這是我稱之為禪不可思不可議的一面。

平常在家，早上起床後，我會離開臥房，走下樓梯。上、下兩段樓梯之間，有個轉角平台，平台上供奉著一尊準提菩薩像，提醒我開始一天的修行，並迴向祝福那些曾向我求助的人。記憶中的每一位，都是我所祝福的對象。

我甚至記得一位從中美洲哥倫比亞來的媽媽，她希望我能護佑他的兒子。我想，那可能已經是十五、二十年前的事了。每當我想起他，就會祝福他。除了他之外，我也會想到其他受苦的人。走到樓梯底部時，我就將祝福傳遞給十方三世一切眾生。有時，我也把祝福傳遞給過去、現在、未來的人們。迴向時，我非常誠懇。我會這麼做，並非為了拿來和人說嘴。

最近，我迴向的對象裡多了一類新的眾生，也就是那些願意誠摯修行，心中卻仍有障礙的眾生。所以，我對那組禪眾說：「雖然你不認識我，但我認識你。很高興，我們終於見面了。」

現在我也要對各位說：「很高興，我們終於見面了。」

大家希望得到協助，所以，我來了。

在其他更有修行的人出現之前，只好勉強各位將就一下我的指導，先撐過現在再說。但我們的相遇，其實就是那無法言說之妙，一切無非唯心所現。若能如此修行，開悟與否也就不那麼重要了。重要的是，我們能用這個色身來做什麼，由你選擇。我希望這多少能夠說明，上了蒲團之後，各位是在做什麼。

苦口的佛法良藥

在「心」中，時時刻刻都有無量無數的佛菩薩在幫助各位，這是非常令人感動的。有些佛菩薩和我們一樣在這個輪迴的世界裡，若能從這場大夢中解脫，你將發現，無量無數的諸佛菩薩都始終關注著你。在那一天到來之前，他們認識你，你卻不認識他們，但他們很歡迎你，希望終有一天與你相會。

除此之外，其實真的沒有什麼可說的。修行的關鍵在於那份至誠懇切的心。我們必須具備正見，才能明白當下此刻就是心。我們正在用的心，就是佛心。我們要發起菩提心，而不光是坐在蒲團上，企圖逃避世界。當下，就是心。你能逃到哪裡去？灰塵能吹到什麼地方去？

我來到禪堂，深感自己能力不足。眼見各位在蒲團上忍受腿痛、身體痛、頭痛等痛苦，我多麼希望能找到更好的方式來幫助各位修行。我對自己的失敗深感歉咎，但我發願更加努力嘗試，幫助各位有所體悟。

我曾夢見過自己來到臺灣，用我的方式與大眾分享禪法。雖然身為聖嚴師父的法子，並不意味著我到每個地方都能立刻被接受。我經歷了不少波折，今天才有機會出現在這裡。甚至曾有人指責我，不該教得那麼深。但是，我不希望只是給大家一些自我感覺良好的體驗。突破自我的束縛並不容易，往往也不愉快。

在我的教法尚未被禪眾接受之前，我曾讀過一部經，經名是《文殊師利所說不思議佛境界經》。這部經文詞優美，義理深奧。經中描述佛陀、文殊師利菩薩及須菩提三位的對話。佛陀問及文殊菩薩的體證，須菩提則在一旁默默聽著佛陀與文殊討論深刻的體悟。

佛問文殊菩薩：「你在菩薩境界有何所得呢？」

文殊菩薩答：「若我於菩薩境界有所得，佛陀於佛境界必也有所得。」

須菩提發現文殊菩薩語帶玄機，於是插話：「等等，文殊菩薩，您難道不知道，佛陀常說佛無所得嗎？」

「菩薩亦無所得。」文殊菩薩說。

三人繼續對話，後來，須菩提問文殊菩薩：「您說得這麼深，難道不怕初學者困惑嗎？」

文殊菩薩說：「須菩提，若有人生病，醫生該給他甜甜的糖果，還是苦口的良藥呢？」

須菩提答：「當然是苦口的良藥啊，不然病怎麼會好呢？」

文殊菩薩說：「佛法也是如此，我們不該對病人隱藏佛法的真實義。」

或許有些人已經能夠深入體會我的開示，有些人被觸碰到了，有些人雖已聽聞，卻仍有待深入體解當中蘊含的法寶多麼豐富。

問：老師您說：「你不認識我，但我認識你。」我想進一步請問，老師的意思是不是，人類應該實現「你認識我，而我也認識你」這般的集體心智，如大海中的魚群協同一致？或者是，我們只需要覺醒，體認到一切只是心的遊戲的一部分？

答：在美國，孩子們會玩一種井字遊戲。你們知道這個遊戲嗎？我只要先在左上角畫一個X，然後呢？你就輸了。唯一能獲勝的方式是，連玩都別玩。人生就是一場井字遊戲，凡有生必有死。

「我認識你，但是你不認識我」是指，你甚至連這個遊戲怎麼玩都不明白。這不只是說，我知道的比你多，而是你毫無所知。實際上，你甚至連空性是什麼也不了解。如果明瞭空性，你就知道，這個遊戲不論怎麼玩都贏不了。

「我認識你，但是你不認識我」是在勸請各位用功參究。

問：我指的集體心智是，我能在其他人當中看見我自己，其他人也可以在我之內看見他們自己。每個人都可以過這種生活，所有人同屬一個整體的心智。現在的情形是，人與人之間是有隔閡的。

答：看得出來你很認真在思考，很認真在觀。

你剛才提到「我們」，但其實只有心，並沒有眾生。我們既說無佛，也說有佛，甚至說有很多佛。好好深入去參，對你比較有幫助。此岸無法提供圓滿的答案，到了彼岸你自然能明白。

問：老師所引導的一個練習，最後停在心性的光芒裡，與十方諸佛連結。請問，這也是一種相嗎？如果這也是相，也是要捨棄的嗎？此外，回家後，沒有老師的引導，也可以重複相同的練習嗎？

答：禪修導引可以自己進行，但別執著。這樣的練習能幫助你收攝、安定身心，在放鬆之中，清楚覺照，具足禪修所需的要素。可以自己進行，沒問題。至於放鬆後所見的佛心，究竟是真還是假，我們應該抱持開放的態度，不需斷然分別。

如果告訴你，那不是真的，你可能會很沮喪：「我永遠都見不了佛了。」如果告訴你，那是真的，又會有人來跟你說：「那不是你的心。」懇切心才是最重要的。

大死一番

總有一天，各位會明白我的用心良苦。我當然可以說些無關痛癢的法，保證大家都能聽懂，但我不願那麼做。若是想讓各位解脫煩惱、有所體證，我必須提供正確的法給各位。對我而言，這很有趣，因為我真的沒有什麼能教各位。心就是法，心就是法身。諸位現在用來聽我說話的心，就是佛心。實際上，不論說什麼，我都不可能改變這個事實。我是以這樣的態度來為大家說法的，大家也應該以這樣的態度來聞法。

《維摩詰經》中，維摩詰居士看見大目犍連為人說法時，也是這麼對大目犍連說的。維摩詰居士不是要他別說法，而是要他依正見說法。

希望你也能夠以正見來聞法。如果你能以正見來聞法，默照便能活活潑潑，幫助你從生死大夢中覺醒，親見那些你不認識，但他們認識你的諸佛菩薩。

生死與修行

許多祖師大德曾說，修行是為了了生死大事。

《心經》雖然告訴我們「無老死」，我的背卻清清楚楚告訴我，我年紀大了。不論怎麼說，生死可以分成兩個層次來看。色身朽壞時，我們經歷的是小死。聖嚴師父曾說：「唉，死也沒什麼不好的呀！就像是拿一輛快報廢的舊車，去換一輛新車，挺划算的呀！」他這麼說是要我們別貪生怕死。更該感到害怕的，是無法經歷大死。這聽起來怎麼好像某些新興宗教教主會說的話：「來吧，跟我一起走向懸崖邊吧！一起死吧！」

大死，指的是徹底斷除我相、人相、眾生相、壽者相等概念。真實的體證不是概念上的理解。體證當下，行者並不會忽然昏倒一命嗚呼，如果會這樣，那就沒人敢來修行了。如果真會這樣，可能有人會看著我的屍體說：「他死了嗎？他死透了嗎？」你可以回答他們：「他大死了！」

別害怕！如果你因緣俱足，在這一生中有了某些體證，絕對不會忽然倒地不起的。就算真的倒地不起，我給各位的終生保固依然有效，再回來找我就是了。

大死是看穿一切如幻，人生如夢。然而，對我們而言，這非常困難。為什麼？敲敲旁邊這張桌子、敲敲自己的腦袋，就知道為什麼。這些都很真實啊！不，這些一點都不真實。因此，對於禪的修行而言，「大死」與「生死大事」的觀念是非常非常重要的。一口呼吸猶有竟時，該以此警策惕勵，精進用功。

常有學生問：「大死和小死有什麼差別？」這可是生與死的差別。

也有很多人好奇，人往生之後，心到哪裡去了？

佛教並不認為有所謂的靈魂轉世。

心不會到任何地方去。肉團心火化後只剩灰燼。只有心海中一股細流延續，自我不會延續。雖然名為輪迴，但實際上，並不是某個特定實存的生命體在輪迴。就好比一陣風吹過禪堂，一路吹到了臺北，在臺北的人雖然可以感受到風，但不能說吹過臺北的風，和吹過禪堂的風是同一陣風。

大家最好還是不要心存僥倖，現在就努力修行。

修行修什麼？

如何努力修行呢？有人問成就佛道是否需要行六度？許多經典中，都曾提到六度。《維摩詰經》中，維摩詰居士也提到六波羅蜜、三十七道品。這些都有幫助，但無法帶領修行者「成佛」。為什麼實踐六度無法讓我們「成佛」？原因在於，佛性是本自具足的，實踐六度是為了幫助我們明白，我們本來是佛。

年輕習武的時候，我曾向一位老師學習內功。我常紮著馬步，奮力運勁，看來很像回事。一天，老師告訴我：「其實，你大可不必這麼做，真的要施展功夫的時候，只要一瞬間就能把勁使出來。」

我問老師：「那您為什麼不一開始就跟我說呢？」

老師說：「如果一開始就告訴你，恐怕你連練都懶得練了。」

眨個眼就開悟？沒那麼好的事。所以，不論是六度、三十七道品或八正道，該做的還是要做，但要知道這些無法讓你開悟。你所用的就是佛心，行六度等能幫助你覺醒，明白自己本來是佛。利根的人能夠頓悟，我們則必須漸修。

一切唯心造

我先前在白板上畫了一個蘋果，表示它出現在心中。把蘋果擦掉之後，白板就變成空白的，有位禪眾問我：「這是否代表蘋果就是心，心含有蘋果？」

我想再反問大家：「現在你們知道，心中的灰塵到哪去了嗎？」

那位禪眾說的沒錯，雖然我們見到了蘋果，但這一切都是無形無相的。我們看見的蘋果出現在心裡，而且也只會出現在心裡。即使蘋果不見了，它仍舊在心裡。實際上，它無形無相，只是心中的想像而已。這就是正見，一切唯心造。具備這樣的正見，才能真正用上方法。

我常講的一個故事也和這有關。

馬祖禪師與百丈禪師兩人來到一座池塘邊，一群鴨子從眼前飛過，馬祖便問：「鴨子哪去了？」

先警告各位，千萬別跟禪師到池塘邊散步。

百丈指著鴨子飛過的方向，答道：「飛走了。」

如果當時你在場的話，應該可以救百丈禪師一命。這時，馬祖竟伸手在百丈的鼻子上狠狠一擰！不知是百丈的鼻子太大，還是馬祖的手勁太強，百丈痛得大叫，頓時開悟。我說，馬祖這一擰肯定使足了勁。這種機會可不是天天都有，想試試看的人，可以到前面來排隊！說不定你也有幸運鼻！

實際上，鴨子到哪裡去了？就只是心。它們能到哪裡去？

這則禪宗公案年代久遠，對我而言，卻非常鏗鏘有力。鴨子還能到哪去？不論去哪裡、不論見到什麼，一切都是心！一切唯心造！有生死嗎？沒有！過去、現在、未來的一切都在，但都在心中。過去、現在、未來都在心的涵攝之中。十方一切無非是心。向內觀心看見世界，真是美妙。我們用這樣的方式看待世界。以心觀心。我們明白，生起的不論有何形相，其實都是無相的。這是正確看待世界的方式。

有位義工告訴我，他在大寮出坡時也試著用默照，並問我這個方法在日常生活中是否也有幫助？

默照確實能在日常生活中發生效用。心安定時，能夠明照工作的場合，讓我們更了解其他人，清楚他們的習氣。此外，也能更了解自己的習氣，明照環境，進而改變環境，滿不錯的。默照還能幫助我們應對職場上出現的問題。我們常會遇到一些無法解決的問題，自我卻堅持問題非解決不可。我們要能接受、了解這些情況，在面對難題時，保持全力以赴。若能以這種無所求、不執著的心，不論生活中遇到什麼樣的困難，都有辦法面對。

我從前打七的時候，有時甚至到了最後一天的最後一支香，都還能持續進步。哪怕只有一分鐘，我也不浪費。大家也要堅持到最後一分鐘，修行中，所有努力都是功不唐捐的。

慈悲與佛性

有人問我如何將菩提心融入修行中，而非只是尋求開悟？阿耨多羅三藐三菩提，也就是無上正等正覺。《心經》告訴我們，菩薩們體證到的無上正等正覺是最高、最圓滿的智慧。觀世音菩薩之所以對舍利弗講述《心經》的原因，也在於此。

菩提心的關鍵

阿毘達磨認為一切實有，主要倡導者是舍利弗。《心經》則是大乘佛教對於上座部觀點的反駁。在般若系的經典中，通常是文殊師利對須菩提開示。體證一切皆空後，依阿耨多羅三藐三菩提，也就是無上正等正覺，生起慈悲。這是非常重要的轉變，後世稱之為「轉法輪」，一切因此徹底改觀。

菩提心依無上正等正覺而生。智慧圓滿便會生起「悲」。「悲」指的是拔苦，大家應該不陌生吧？有趣的是，聽到「悲」，我們第一個想到的就是觀世音菩薩。在阿毘達磨中，「悲」之前是「慈」。我們以慈心對待一切，盼能濟拔眾生的苦，正因如此，我才會出現在這裡。我希望減輕他人的苦，這麼做不只為了各位，更是為了將來各位要度的人。

如來的寶藏

摩訶般若般羅蜜以及阿耨多羅三藐三菩提，即是後世所稱的「二轉法輪」。而「三轉法輪」則來自如來藏系經典，是倡導佛性。從《心經》到佛性，可說是很了不起的演進。

一切眾生皆有佛性。我不該對你數落另一個人的不是，因為，這等於是對一尊佛不敬。想像一下，我們大家都是佛，出堂時，要等佛先走，其他人才能離開，這樣一來，恐怕沒人走得了。大家只能讓來讓去：「你先、你先。不不不，你先。」

佛性非常重要，這個觀念有助於了解，我們其實已經在佛國淨土中，只不過自己還不明白。當我們運用這個身體，實際上也就是在運用佛心。一切都在如來的寶藏中。我們可以稱之為「如來藏」，此處的「藏」，表示心的「胎藏」，一切從中而生。

另外一種詮釋是，佛的胎藏表示成佛的潛能。對我而言，我傾向從圓滿的角度來理解。就好比基督教裡的耶穌，有些人禮拜嬰兒耶穌，有些人則是禮拜成年後的耶穌。嬰兒耶穌代表即將出現的，具有胎藏的性質，成人耶穌則代表已經實現的神，兩者在基督教中都是神。

對我而言，如來藏是當下圓滿的。生起的一切只是溪流中的水泡，沒有任何實質，也沒有什麼可以開悟。就像媽媽喚醒做惡夢的孩子般，發菩提心就只是為了喚醒所有本來是佛的眾生。這就是菩提心，這就是媽媽明白，但孩子卻還不明白的事。能以這樣的正見修行，就不難證入心性。猶如對著空氣擲飛鏢，不論往哪個方向擲，射中的都是心。

如果知道有人在做惡夢，我們必然會生起慈悲心，想喚醒他們。夢醒後，或許不禁感嘆：「哇！剛才那個夢還真是奇怪！竟然夢到有隻青蛙從井底一路爬了上來！」

清清楚楚看見事物真實的樣貌，如此而已。有趣的是，梵文的「如來」，既可以表示「如——來」（Tatha-agata），也可以表示「如——去」（Tatha-gata）。又來又去，到底是什麼意思？怎麼可能既來又去呢？「如」怎麼會來去呢？「如」又表示什麼？會是像這樣嗎？「我昨天和『如』聊天，它說……。」

大家應該只會困惑：「你在說什麼啊？『如』是什麼？」

古德之所以刻意選擇「如」這個字，就是不希望有人誤解「如」是任何一種實體。「如」的意思，就只是「這樣」。也正因如此，維摩詰居士見舍利弗打坐欲有所住，才會加以斥責。

若心實無所住，那麼，你要它住在哪裡呢？要鍊心，必須具備正見。如果沒有正見，在蒲團上不過是狗追尾巴。

有一回，我養的一隻狗，不停追著自己的尾巴轉，一連追了好幾天。後來，還真的讓牠咬到了。咬是咬到了，牠卻完全動彈不得，不但沒辦法繼續追尾巴，也不知道接下來該做什麼好，只能勉強吐出一句：「真是蠢透了！」牠說得對。我也對牠說：「沒錯，簡直蠢到家了！」尾巴是咬到了，那又怎樣？

抱歉，這笑話有點殘酷。關鍵在於，千萬別追你的尾巴！別追心！修行就是「如實」。以正見修行，妙不可言的菩提心自然隨之而來。

你看到佛了嗎？

所見一切皆是佛，這不容易解釋。所以，這一次我帶禪七時，帶了一張有很多佛像的圖片。你必須先仔細看，慢慢就能看見心性。

我問大家：「看到佛了嗎？如果看不到也沒關係，繼續看。你能看到的佛，比你原本以為的更多。」我一直告訴各位，當下就能見佛，就是這個意思。此時、此處就能見佛。

明白嗎？打坐的時候，你也是在觀。眼前還有更廣闊的世界等著你發覺。現在你就明白我在說什麼了。不斷用功、再用功，你一定能看見。佛就在當下。

一點一點看見修行的全貌

朝那張圖片的深處看，佛像會一點一點慢慢變清楚，會看見更多細節。修行也是如此。一開始，只是驚鴻一瞥，繼續深入、深入、再深入，就能看見全貌。一開始，我如果告訴你裡頭有佛像，你可能也無法理解，必須自己實踐才行。修行就是不斷練習。

我想藉由這個方式說明佛心。佛心比這更加不可思議，遠遠不只如此。你會發現圖中有圖，圖中還有圖，都是一樣的圖。並不需要額外添加什麼才能看見。一切本來如此。現在，你總算知道自己在玩什麼了吧！總算看見了，對吧？要有耐心。看見之後，繼續看，會看見更多更多細節。圖案都相同，因為，心中一切現象都只是心。

無染的眾生心即是佛心

有位禪眾問我，練習默照時，除了不斷提醒自己回到當下之外，如何才能降伏強烈的自我？他的情況類似這樣：最初的十秒鐘，他能覺照得相當不錯，景象看得清清楚楚，周遭的聲音也聽得很清晰。過了十秒鐘之後，自我就會冒出來：「哇！

這真是太美妙了！回家要怎麼跟老爸形容呢？」然後他就得提醒自己回到當下。他在這種情況下進進退退。

關於這點，墨西哥有個故事是這麼說的：有隻蒼蠅停在牛的耳朵上，悄悄對牠說：「我們在走路。」

是誰在走路呢？不是蒼蠅在走，對吧？

蒼蠅說：「你真是太優秀了。我們走得很平穩。」

牛反駁說：「等等，你只是停在我的耳朵上而已，又不是你在走！」

這頭牛代表心，蒼蠅則代表那個愛搗蛋的「自我」。

如果牛要打坐，蒼蠅就會說：「嘿！我們已經在打坐了呀！」

我們要運用正見，以心觀心。如此一來，心彷彿會消失。蒼蠅沒有落腳處，也就跟著消失了。

自我會冒出來，是因為我們把鋤頭拿反了，變成用木柄在鋤地。必須倒轉過來，用鐵鋤那一端來鋤才行。我要說明得仔細一些，好讓大家永遠不會忘記。

觀的時候是沒有「我」的。那位禪眾用默照的方式，以及對這個過程的描述，都是在有「我」的前提下才能成立。放下「我」，就只是心在觀。他的情況是，有能觀的心，也有所觀的境，「我」則藏在能觀的心後面。其實，就算沒有「我」停在耳朵上，能觀的心也能觀得清清楚楚。

你必須十分留意這個微細的「我」，一轉眼就可能變成是「我」在觀心了。這個細微的調整，可以讓修行徹底改變。

《金剛經》中提到：「若見諸相非相，則見如來。」在這幾天的禪修中，如果你能體會到，見外塵而不受外塵汙染，心自然而生，不受自我繫縛，便能生起菩提心。

即使以當下做為參照點，「當下」依然時時刻刻在改變。如果單純以我現在所見的景象做為參照點，十二小時之後，天色暗了，景象也就不同了。「當下」是不斷變化的。安住當下，便與如來相應、與心相應，一切清清楚楚。當下，不住於任何一處，只是觀照心中生生滅滅、來來去去的一切。

佛心不捨眾生

有人疑惑，打坐時生起菩提心或大悲心，是不是等於多加了一個念頭？心與慈悲之間，究竟有何關連？

依阿耨多羅三藐三菩提而生的慈悲，並非針對特定眾生，而是針對心。例如，觀世音菩薩度了無量無數的眾生，然而，這些都是自性中的眾生。事實上，這些眾生並不真實存在，純粹是心覺醒了。這種慈悲非常深廣，並非針對眾生而起。雖然，在某個層次上，可以說是針對眾生而起，因為是心中的眾生在受苦；然而，實相上，這些眾生並不存在。一切唯心，而佛心不捨眾生。例如，你不小心割傷左手，看見自己流血了，你會想趕快拿個OK繃來止血。難不成，右手會說：「抱歉，沒我的事，你找其他手來幫忙好了。」會這樣嗎？

不會的，想都不需要想，右手會立刻開始找OK繃。眼睛四處搜尋，腿朝放OK繃的地方移動，右手接著把OK繃貼到傷口上。你或許會想：「為什麼？這不關右手的事，也不關眼睛的事。被割傷的又不是眼睛，右手也沒受傷呀！」但右手自然會那麼做。在佛陀的慈悲與法身當中，也是如此。有如本能一般，佛心本具的覺性覺察到煩惱，於是動念去減輕煩惱，動的那一念，即是所謂的「慈悲」。

我用這個例子說明慈悲，聽來或許有些世間法的味道，但同時也可以是出世間的。

不掩煩惱，懇切修行

我們來談談菩提心。

先前提過，「悲」是發菩提心的要素之一，「悲」就是濟拔他人的苦。若一個人心心念念都是如何濟拔眾生苦，對於自身的苦或痛，也就不會那麼在意了。有時候，我不會對人說我身體不舒服。如果我說我的下背部在痛，他們很可能會接著說：「對啊，我的下背部也在痛，肩也痛，頭也痛……。」開始滔滔不絕訴說他們有多麼悽慘，停都停不下來。我不希望他們起心動念，進而增長執著。

心心念念的若是如何濟拔眾生苦，確實能減輕自身的苦受，這很重要。甚至連生理上的疼痛似乎也會消失。

聖嚴師父很善於讓人記住他所說過的話，以便將來派上用場。師父曾說：「自身未度先度人，是為菩薩初發心。」發願在自身得度之前，先度他人，這就是菩薩初發菩提心。有些祖師大德則說，用本自具足的力量來引發更大的力量。我們每一個人都可以倚賴本具的智慧，來生起願力。

有些經典談到修行成熟的情況。修行成熟的第一點就是發願先度他人，因為這會決定你的餘生將以何為依歸。如果你已如菩薩初發菩提心，那麼，在眾生度盡之前，你都會持守這個願。

禪七發願、受五戒的過程，總是令我感動不已。還記得第一次參加禪七的時候，我受了三皈五戒，師父也替我取了法名。雖然覺得這個名字聽起來不太厲害，還是照著念了，一輩子也忘不了。

佛心不假外求

師父要我們記得，因果不爽。如果能在生命中的每一刻實踐這個法則，你便與佛無二無別。深明因果即是佛心。誠摯勸請各位深入參究，這是非常非常深奧的。如果時時都能深入參究這一點，便能六根清淨，當下即能與佛相應。

我們崇敬佛陀，發願做個更好的人，這是屬於信仰的一面，也是修行的一部分，很難將它獨立出來。不過，正如臨濟禪師與維摩詰居士再三提醒的：一切唯心，當下現成。佛像、佛畫代表的都是本具的佛性。佛心遍一切處，我們不在佛龕上、佛畫裡或天界中等地方尋覓佛心，這是正見。

一位小和尚看到師父向佛像頂禮，便問：「師父，您不是說佛遍一切處嗎？那您為什麼還要向佛像頂禮呢？」

師父非常慈悲，賞了他一巴掌，讓他明白何謂隻手之聲。

當我用這種方式來形容佛的時候，請別誤會。我們明白佛遍一切處，我們明白什麼是佛心，然而，這無礙我們從信仰出發，表達對心的崇敬。

禪門中有很多類似的故事，另一個故事則是從反面來說。

一天夜裡，一位老和尚正在回寺的路上，一旁是他年輕的侍者。來到寺前不遠處，只見兩排佛像一路綿延到寺門口。忽然間，老和尚竟走到一座佛像旁解起手來。年輕侍者眼看師父竟然在佛像邊小便，簡直嚇傻了，摀著臉，一臉難以置信的表情：「師父，您怎麼可以在佛像邊小便呢？」老和尚看了侍者一眼說：「你倒說說看，哪裡沒有佛，我就到哪裡去解手。」

不辜負自己

禪七結束時，總有許多人向我表示感謝，令我萬分感動。而我總說，如果各位希望回報我，懇請將你的收穫與受用，分享給那些在修行路上與你有緣的人。

聖嚴師父說過一個動人的故事。那時，他正準備前往美國，師公東初老和尚得知消息後，曾問他為何要去美國。東初老和尚的話中，有兩點令我印象深刻。

他問師父：「你為什麼要去美國呢？」

師父答道：「我想去美國教佛法。」

東初老和尚很不以為然：「你要去教佛法？」

師父想了想，又說：「其實，我不是真的要去教佛法，只是去裝裝樣子而已。」

東初老和尚很清楚，他有責任提醒弟子，佛法不是任何人可以教的。必須精進、再精進，才能明白佛法確實是沒有人能夠教的。

師父知道師公的擔憂，於是對師公說：「師父，請放心，我不會辜負您的期望。」

東初老和尚回道：「辜負我？這我可不擔心，我有自己的道場，什麼也不缺。別辜負你自己才是真的。」

修行的動機，絕不是為了得到老師的讚美，而是不要辜負自己。開示結束後，我指導各位的任務也就告一段落。接下來，探究甚深法義的重責大任就在各位肩上了。

我之所以提到東初老和尚與師父之間的對話，是為了讓各位了解信心的重要。我們要對自己有信心，相信自己能夠精進不懈。

對「自己」有信心，這個「自己」指的並不是「虛妄的自我」，而是要對自性，也就是本自具足的佛性有信心，相信我們必定能夠親見本來面目，從生死大夢中覺醒。

不加掩飾才能除盡煩惱

最後，再來談談至誠懇切（sincerity）。

許久之前，至誠懇切這個詞深深觸動了我，於是，寫信時我都會在信末寫上「sincerely yours」，提醒自己，與我通信的這個人與佛性並無差別，才不至於背離初衷，或基於自私的動機試圖讓對方另眼相待，而是真誠地與對方溝通。

sincerity 這個英文字的字源很有趣。它源自拉丁文，而後進入義大利文。這個字原本寫做 sine cera。sine 表示「沒有」，cera 則是「蠟」。從前，工匠在雕刻時若沒拿捏好力道，雕像可能會有所缺損。這時，他們會用蠟來填平缺損的部位。外觀上，沒人看得出來。但是只要天氣一熱，立刻原形畢露。遇到上門的客人仔細檢查雕像時，工匠就會對客人說：「這是沒上過蠟的。」表示雕像沒有瑕疵。

若能至誠懇切地修行，修行就沒有瑕疵。

然而，修行要想完美無瑕，可沒那麼容易。因此，必須懷抱一顆懇切心來實踐所學，竭盡全力祛除瑕疵，以真實的樣貌示人。各位已經知道該如何修行了，要試著以誠摯的心來修行，來面對自己，不要用蠟來掩飾煩惱，裝出一副看似無瑕的模樣。要盡一切所能，祛除煩惱。

智慧人 43

以心觀心——默照禪要領

Contemplate Mind with Mind: The Essentials of Silent Illumination

著者 吉伯・古帝亞茲 (Gilbert Gutierrez)
譯者 吳俊宏
出版 法鼓文化

總監 釋果賢
總編輯 陳重光
編輯 詹忠謀
美術設計 賴維明
地址 臺北市北投區公館路186號5樓
電話 (02)2893-4646
傳真 (02)2896-0731
網址 http://www.ddc.com.tw
E-mail market@ddc.com.tw
讀者服務專線 (02)2896-1600
初版一刷 2021年11月
初版二刷 2023年11月
建議售價 新臺幣280元
郵撥帳號 50013371
戶名 財團法人法鼓山文教基金會—法鼓文化
北美經銷處 紐約東初禪寺
Chan Meditation Center (New York, USA)
Tel: (718)592-6593
E-mail: chancenter@gmail.com

法鼓文化

國家圖書館出版品預行編目資料

以心觀心：默照禪要領 / 吉伯.古帝亞茲(Gilbert Gutierrez)著；吳俊宏譯. -- 初版. -- 臺北市：法鼓文化, 2021.11

面；　公分

1ISBN 978-957-598-926-2(平裝)

1.禪宗 2.佛教修持

226.65　　110015448